LITERATURE
AND
ART
STUDIES
SERIES

文艺研究小丛书

（第一辑）

文学史叙述的“政治学”

洪子诚◎著
李松睿◎编

文化艺术出版社
Culture and Art Publishing House

图书在版编目（CIP）数据

文学史叙述的“政治学” /洪子诚著. —北京：
文化艺术出版社，2021.8
（文艺研究小丛书 / 张颖主编. 第一辑）
ISBN 978-7-5039-7108-2

Ⅰ. ①文… Ⅱ. ①洪… Ⅲ. ①中国文学－文学史研究
Ⅳ. ①I209

中国版本图书馆CIP数据核字（2021）第155196号

文学史叙述的“政治学”
（《文艺研究小丛书》（第一辑））

主　　编　张　颖
编　　者　李松睿
著　　者　洪子诚
丛书统筹　叶茹飞
责任编辑　王奕丹　韩　潇
责任校对　董　斌
书籍设计　李　响　姚雪媛
出版发行　文化艺术出版社
地　　址　北京市东城区东四八条52号（100700）
网　　址　www.caaph.com
电子邮箱　s@caaph.com
电　　话　（010）84057666（总编室）　84057667（办公室）
　　　　　84057696—84057699（发行部）
传　　真　（010）84057660（总编室）　84057670（办公室）
　　　　　84057690（发行部）
经　　销　新华书店
印　　刷　国英印务有限公司
版　　次　2022年1月第1版
印　　次　2022年1月第1次印刷
开　　本　880毫米×1230毫米　1/32
印　　张　4.5
字　　数　74千字
书　　号　ISBN 978-7-5039-7108-2
定　　价　42.00元

总　序

张　颖

2019年11月，《文艺研究》隆重庆祝创刊四十年，群贤毕集，于斯为盛。金宁主编以“温故开新”为题，为应时编纂的六卷本文选作序，饱含深情地回顾了《文艺研究》的何所来与何处去。文中有言：“历史是一条长长的水脉，每一期杂志都可以是定期的取样。”此话道出学术期刊的角色，也道出此中从业者的重大使命。

《文艺研究》审稿之严、编校之精，业界素有口碑。这本质上源于编辑者的职业意识自觉。我们的编辑出身于各学科，受过严格的学术训练，在工作中既立足学科标准，又超越单学科畛域，怀抱人文视野与时代精神。读书写作，可以是书斋里的私人爱好与自我表达；编辑出版，是作者与读者、写作与出版的中间环节，无时不在公共领域行事，负有不可推卸的公共智识传播之责。学术期刊始终围绕“什么是好文章”这一总命题作答，更是肩负着学术史重任，不可不严阵以待。本着这一意识做学术期刊，编辑需要端起一张冷面孔，同时保持一副热心肠，从严审稿，从细编校。面对纷繁的学术生态场，坚持正确的政治导向，保持冷静客观的判断；面对文字、文献、史实、逻辑，怀着高于作者本人的热忱，反反复复查证、商榷、推敲、打磨。

我们设有相应制度，以保障编辑履行上述学术史义务。除了三审加外审的审稿制度、五校加互校的校对制度，每月两度的发稿会与编后会鼓励阐发与争鸣，研讨气氛严肃而热烈。2020 年 5 月，在中国艺术研究院各级领导大力支持下，杂志社成立艺术哲学与艺术史研究中心。该中心秉持“艺术即人文”的大艺术观，旨在进一步调动我刊编辑的学术主体性与能动性，同时积极吸收优质学术资源和研究力量，推动艺术学科体系建设。

基于上述因缘，2021年初，经文化艺术出版社社长杨斌先生提议，由杂志社牵头，成立“文艺研究小丛书”编委会。本丛书是一项长期计划，宗旨为“推举新经典”。在形式上，择取近年在我刊发文达到一定密度的作者成果，编纂成单作者单行本重新推出。在思想上，通过编者的精心构撰，使之整体化为一套有机勾连的新体系。

编委会议定编纂事宜如下。每册结构为总序＋编者导言＋作者序＋正文。编者导言由该册编者撰写，用以导读正文。作者序由该册作者专为此次出版撰写，不作为必备项。正文内容的遴选遵循三条标准：同一作者在近十年发表于《文艺研究》的文章；文章兼备前沿性与经典性；原则上只选编单独署名论文，不收录合著文章。

每册正文以当时正式刊发稿为底稿。在本次编撰过程中，依如下原则修订：1. 除删去原有摘要或内容提要、关键词、作者单位、责任编辑等信息外，原则上维持原刊原貌；2. 尊重作者当下提出的修改要求，进行文字或图片的必要修订或增补；3. 文内有误或与今日出版规范相冲突者，做细节改动；4. 基本维持原刊体例，原刊体例与本刊当前体例不符者，依当前体例改；5. 为方便小开本版式阅读，原尾注形式统改为当页脚注。

编研相济，是《文艺研究》的优良传统。低调谨细，是《文艺研究》的行事作风。丛书之小，在于每册体量，不在于高远立意。如果说“四十年文选”致力于以文章连缀学术史标本，可称“温故”，那么，本丛书则面对动态生成中的鲜活学术史，汇聚热度，拓展前沿，重在“开新”。因此，眼下这套小丛书，是我们在“定期取样”之外，以崭新形式交付给学术史的报告，唯愿它能够为读者提供一定帮助或参照。

编者导言

李松睿

都是些空话，空话，空话。[1]

当波洛涅斯询问哈姆莱特手中拿着的那本书的内容时，丹麦王子说出了上面那句著名的台词。这既是在怀疑用文字写就

1 [英]莎士比亚：《哈姆莱特》，朱生豪译，载《莎士比亚全集》第3卷，人民文学出版社2010年版，第124页。

的书籍的实际功用，也是对哈姆莱特自身命运的某种预示。因为没有人比哈姆莱特更懂得用语言去攻击和嘲讽别人，在这方面，哈姆莱特可以称得上是一位大师；但同时，也没有人比哈姆莱特更沉溺于空想，更拙于行动。最终，复仇行动因为丹麦王子的不断延宕惨遭失败，而这出戏也因此像大多数悲剧那样，在落幕时舞台上躺满了死尸。

莎士比亚笔下的这句台词，代表了某种广为流传的观念："文字"（words）不过是一连串虚无缥缈的符号，它或许会因为华美的修辞而摄人心魄，但由于它无法让自己建立在坚实的基础之上，毫无实际功用，不过是漂亮的"空话"（words）而已。这一观念，曾经在很长一段时间里笼罩着中国当代文学研究界。由于研究对象的特殊性，当代文学研究天然地与文学批评有着一定的亲缘关系，在它状态最好的时候，它或许能够对文学创作进行指导，以至影响创作潮流的走向，但在很多情况下，它却不过是创作的某种附庸。在面对具体的文学作品时，当代文学研究界给出的解释往往是"横看成岭侧成峰"。也就是说，当代文学研究的成果在很多时候只是某种印象或意见，受到时代背景、知识结构、思想观念以至个人趣味的深刻影响，因而无时无刻不在变化，很难为学界贡献出确切、坚实的知识。所谓“诗无达诂”，固然可以为这样的研究路数提供近乎无懈可击的辩护，却无法阻止学界同行用带有疑问的眼光上下打量当代文学研究者。这或许就是中文系内部隐秘流传的鄙视链（搞古文字的看不起搞古代文学的，搞古代文学的看不起搞现代文学的，搞现代文学的看不起搞当代文学的）的由来。

而正是洪子诚教授的相关研究，使中国当代文学研究不再仅仅以文学批评的面貌出现，获得了进行历史化研究的全新路径。在笔者看来，洪子诚治学的特点是暂时搁置对文学作品的审美判断和各式理论的征引，将文学作品、文学现象以及相关问题还原到历史语境中，使其从审美对象转化为历史化研究的材料。应该说，审美判断是文学研究最重要的主题之一；运用理论重新“打开”文本，也能够极大地拓宽研究者的视野。这样的研究方式本身自有其价值，也是当代文学研究的主流方式，只是洪子诚不想加入这样的“合唱”之中，而更愿意选择探索一条新路。因此，洪子诚不愿意，或者说暂时搁置探讨一部作品究竟写得如何，而是去考察作家在何种语境下创作了这部作品，对作家、作品的评价又受到哪些社会历史条件的制约，从而打开了全新的研究视野。正是这一视野的开拓，使新中国成立后文学组织机构的设立、不同等级的文学期刊、相关文学讨论背后的政治动因等问题，都成为研究的对象和材料，让当代文学研究逐渐摆脱了被人诟病为“空话”的命运，建立在更加扎实的基础之上。

本书所收录的两篇论文，就鲜明地体现了洪子诚的这一研究方法，同时也显现出他近些年研究兴趣的转向。

第一篇论文《红、黄、蓝：色彩的“政治学”——1958年“红色文学史”的编写》原刊于《文艺研究》2020年第11期。这篇文章是洪子诚对北京大学中文系1955级学生编写《中国文学史》教材（以下简称“55级文学史”）的经过及背景的回顾。全文共分为八个部分。第一部分介绍了教材编写的背景：反对资产阶级学术权威运动；第二部分分析了集体写作的基本原则，并指出在编写“55级文学史”过程中形成的写作原则，对当代文学研究以至中国当代学术研究影响深远；第三部分介绍了“55级文学史”出版后的广泛影响；第四部分以何其芳为中心，分析了古代文学研究界批评“55级文学史”的思路和立场；第五部分单独拿出“中间性作品”概念，分析古代文学研究界如何利用这一概念，抢救某些无法在现实主义与反现实主义斗争中获得较高评价的古典作家，同时指出当代文学研究中非常重要的“中间人物论”，直接来自古代文学研究界的这些争论；第六部分介绍了“黄皮本”《中国文学史》诞生的背景；第七部分回顾了周扬主持的全国高校文科教材编写工作和“蓝皮本”《中国文学史》的诞生；第八部分被命名为“余波”，介绍了费振刚、谢冕、黄修己等当事人在数十年后对“55级文学史”及编写过程的思考。“55级文学史”在中国文学研究界影响深远，亲历者亦有很多言说，洪子诚作为1956级学生，虽然没有亲身参与学长的这项工作，但他在这篇论文中借助历史化的研究方法，细致梳理了20世纪50年代《中国文学史》教材的编写过程，不仅梳理了历次修订的基本情况，还通过全面占有相关史料，揭示教材编写背后相关人士对诸如如何运用马克思主义理论研究中国文学史、如何处理文学史发展事实与历史唯物主义之间的龃龉、怎样评判非无产阶级创造的文学遗产等根本性问题的思考。也就是说，这篇论文看似介绍了一本中国文学史教材的编写和修订过程，但实际上更呈现了一个特殊时代思考文学的独特氛围。

第二篇论文《死亡与重生？——当代中国的马雅可夫斯基》原刊于《文艺研究》2019年第1期。这篇论文延续了洪子诚此前开展的“阅读史”系列研究，继续探讨那些20世纪50年代以来对其思想、经历有着重大影响的作家、作品。而这一次，洪子诚选择考察的对象是苏联著名诗人马雅可夫斯基。这篇文章共分为五个部分，第一部分呈现了20世纪五六十年代中国文坛对马雅可夫斯基热情译介、接受影响的情况；第二部分分析了马雅可夫斯基在苏联的境遇，以此为基础指出中国读者在很长一段时间内只能片面了解马雅可夫斯基的情况；第三部分介绍了中苏交恶如何使得中国读者不再谈论马雅可夫斯基，而“文革”结束后，中国人又在何种语境下重新重视这位诗人；第四部分探讨了当马雅可夫斯基更加全面的信息被介绍到中国之后，中国文坛对这位诗人的复杂态度；第五部分则分析马雅可夫斯基自身的复杂性，他的命运与20世纪错综复杂的政治之间的关系。读者会发现，洪子诚在文章中丝毫没有讨论马雅可夫斯基诗歌创作的特点和价值，而是细致辨析不同历史时期制约人们理解马雅可夫斯基的社会条件，呈现时代语境的改变如何全面改写了马雅可夫斯基在读者心中的形象。而正是在马雅可夫斯基从革命诗人到爱情诗人的变化过程中，时代与历史的复杂信息，已经被洪子诚以独特的方式捕捉到了。

相信读过本书收录的这两篇论文后，读者还会注意到洪子诚带有鲜明个人印记的叙述风格。表面上，作者只是按照时间线索，用清晰、朴素的语言，详细罗列与研究对象有关的各类史料，呈现的主要是扎实的材料功夫。但在叙述的字里行间，洪子诚其实内蕴玄机，有着自己清晰的好恶和价值判断，只是他更愿意以一种内敛的方式进行表达。例如，在谈到中国当代诗人受到马雅可夫斯基政治诗的影响时，洪子诚指出："狂热的'革命'正好是政治诗滋生的丰厚土壤，马雅可夫斯基的那种诗歌体式继续拥有极强的生命力。'红卫兵战歌'，郭小川、张永枚等人这个时期的诗，'工农兵学员'的《理想之歌》，'文革'后到80年代初贺敬之、张学梦、叶文福、骆耕野、曲有源、熊召政等人的创作，都受到马雅可夫斯基的影响。"这显然是对文学史事实的客观叙述，不过在这段引文之后，洪子诚马上加了一句："自然，这里列举的诗人、诗作的思想艺术水准高低互见，甚或差距悬殊。"在这里，作者没有对任何作家、作品进行评价，但平实的语言背后，已经将褒贬融入其中，颇得春秋笔法之妙。再比如，洪子诚谈及何其芳批评"55级文学史"用现实主义与反现实主义的斗争为线索叙述文学史，极大地简化了文学史的复杂面貌时，看似高度肯定何其芳的观点和贡献，不过他很快就补充说："何其芳的看法相信会得到众多学者的首肯，但在当时，这样的批评却不是谁都可以做的，眼界、才情等不说，更需要相应的身份和资格。”一句简短的评论，却不动声色地揭示了那个年代学术讨论背后的权力结构，让人不由得停下来玩味其中的深意。

更为难能可贵的是，洪子诚能够在以呈现史料见长的文字中，化入带有较强文学性的段落，使论文不仅在表达观点、梳理材料，更成为展示个人才情的文章。如在《死亡与重生？——当代中国的马雅可夫斯基》一文的结尾，作者忽然从史料中宕开一笔，谈到马雅可夫斯基纪念馆的外墙装饰物。在今天，那是一个巨大的俄文“我”，而根据霭尔莎·特丽沃蕾在 20 世纪 30 年代撰写的《马雅可夫斯基小传》，那上面则是一首诗：

我的作为诗人的响亮的力量
　　　　　　整个给了你，
　　　　　　战斗的阶级。

在这里，墙上的标语由带有强烈集体主义色彩的“阶级”，变为打上个人主义烙印的“我”。洪子诚借助这两个具体可感的意象，让读者清晰地体认到被时代所裹挟的诗人，其面貌如何被时代所改写。

限于《文艺研究》小丛书的体例，这篇《编者导言》无法完整呈现洪子诚教授的学术思想和治学特点。好在，本书还收入了原刊于《文艺研究》2010年第6期的访谈《穿越当代的文学史写作——洪子诚教授访谈录》。在这篇访谈中，北京大学中文系贺桂梅教授从求学经历、学术思想发展、研究兴趣转变以及治学方法等方面向洪子诚提问，后者对此进行了非常认真的回答，相信读者可以从中收获更多的东西。

目录

红、黄、蓝：色彩的“政治学”
——1958年“红色文学史”的编写

在《问题与方法——中国当代文学史研究讲稿》这本书中，我谈到当代文学“经典”评定与政治潮流的关系的时候，举了20世纪50年代北京大学中文系1955级学生集体编写教材的例子。[1]在“大跃进”的热潮中，他们响应号召，只用三

1 参见洪子诚《问题与方法——中国当代文学史研究讲稿》，生活·读书·新知三联书店2002年版，第251页。廖仲安《北大朗润园怀旧绝句八首》之中（转下页）

十几天就集体编写了《中国文学史》(以下简称“55级文学史”)，成为当时引人注目的事件。因为初版本的红色封面，更由于其“颠覆性”的激进内容和首创的集体编写的工作方式，当时被称为“红色文学史”。但第二年的扩展修订版，删改了若干激进的评述，封面装帧也变为黄色。到了60年代初，周扬主持的文科教材版《中国文学史》则是深蓝色封面，科研体制也由集体协作变为专家的主编负责制。这种封面本非预设的色彩变化，却在“文革”期间被解读出无产阶级与资产阶级博弈斗争的政治象征意义。[1]

关于“55级文学史”，近二三十年来的学术史研究论著多有提及。[2]下面的评述，主要是将它作为当代中国的文化

（接上页）有这样的诗句：“一史封皮三易色，此中甘苦费君探。”“费君”指既参加编写“红皮本”“黄皮本”，也参加编写60年代统编文科教材“蓝皮本”的费振刚。

1 费振刚2013年接受访谈时说，“文革”期间，北大工宣队曾组织人写文章，批判文学史从红皮到黄皮到蓝皮的资产阶级的“和平演变”，并不点名指费振刚“有一个人，本来是红皮的代表人物，却变成了蓝皮的主编”。参见方铭、马庆洲《一史封皮三易色 此中甘苦费君探——费振刚教授访谈录》，《文艺研究》2013年第1期。

2 如戴燕的《文学史的权力》（北京大学出版社2002年版），陈平原的《作为学科的文学史》（北京大学出版社2011年版），张荣翼、李松的《文学史哲学》（武汉大学出版社2014年版）的下编“文学史书写个案研究”，刘敬圻主编的《20世纪中国古典文学学科通志》（山东教育出版社2012年版），周兴陆的《20世纪中国古代文学研究史·总论卷》（东方出版中心2006年版）等。

事件进行回顾：追溯它发生的社会政治背景，表达的政治/学术目标，编写依据的理念和作为群众性集体学术研究的组织、运行方式，以加深对当代中国知识生产与权力、主流意识形态建构的关系，以及历史事件背后的思想、政治、人事脉络的了解。

一、“拔白旗，插红旗”

“55级文学史”的编写，是1958年开展的“拔白旗，插红旗”运动的组成部分。这一运动在高校，主要是批判代表性学者的“资产阶级学术思想”，并组织以青年学生为主体的集体教材编写。对于这一运动在北京大学开展的情况，该校当年有这样的描述：

> 自8月初到9月下旬，在还不到两个月的时间内，全校共完成科学研究项目四千余个，其中人文科学方面有一千余个……中文系仅在一个月之内就批判了游国恩、林庚、王瑶、王力、高名凯、刘大杰、朱光潜等人的资产阶级学术思想，并对右派分子陆侃如、钟敬文在中国文学史方面

的反动谬论进行了批驳，前后共写论文将近一百篇。历史系对陈寅恪的唯心主义历史观和治学方法与钱穆、李济等人的反动史学思想以及对外国资产阶级所谓“汉学家”如伯希和、梅园末直等对中国历史的歪曲捏造也进行了批判和驳斥。哲学系对冯友兰的唯心主义哲学思想特别是他在中国哲学史方面的修正主义观点进行了全面深入的批判，共写了将近六十篇论文，对马寅初、贺麟、洪谦、朱谦之与郑昕等人也进行了批判……在经济科学方面，对南共纲领、马寅初的经济思想和徐毓枬的《经济学说史》进行了批判。法律系批判了龚祥瑞、芮沐和赵理海的资产阶级旧法观点和修正主义观点。图书馆学系对刘国钧、杜定友在图书馆学方面的资产阶级观点进行了批判。在批判过程中，齐思和、洪谦、刘国钧等根据自觉革命的精神对自己的资产阶级学术思想也进行了初步检查和批判。[1]

1 《北京大学学报（人文科学）》编辑委员会编：《北京大学批判资产阶级学术思想论文集》“编者的话”，高等教育出版社 1958 年版，第 II 页。论文集共收入批判论文 18 篇，批判对象有游国恩、王瑶、林庚、王力、魏建功、陈寅恪、钱穆、伯希和、冯友兰、马寅初、凯恩斯、龚祥瑞、芮沐、刘国钧、杜定友，同时还收入齐思和、刘国钧的检讨文章。

在20世纪五六十年代，物理系和中文系是北大的两个大系，取分分别在文理科最高，不管什么样的“运动”（如“鸣放”“反右”“大跃进”等），也往往走在前列。中文系在一个月的时间里，师生撰写的批判文章就有近一百篇，批判对象既有在本系任教的文学史家、语言学家，也有系、校外的专家。这些论文的一部分，编辑、出版了四辑《文学研究与批判专刊》和两辑《语言学研究与批判》。[1]

被批判的游国恩、林庚、王瑶、王力等先生，是当时有影响力、在50年代也非常活跃的学者。游国恩那本收入《屈赋考源》《楚辞女性中心说》等论文的《楚辞论义集》，1957年刚刚由古典文学出版社出版。林庚的《诗人李白》1956年出版权转到上海的古典文学出版社，不到两年时间印数就达8万余册；1957年初，他的《中国文学简史》上卷也印行面世并受到关注。就在批判展开的前几个月，《北京大

---

1 北京大学中国语文学系编辑的《文学研究与批判专刊》四辑，由人民文学出版社同时出版于1958年9月。第一、二辑收入批判游国恩的文章十余篇和批判林庚的文章20篇，第三辑为批判王瑶专辑。书中也收入被批判者所作的检讨，如游国恩《〈楚辞〉研究的自我批判》、林庚《批判我在文学史研究中的资产阶级学术思想》、王瑶《〈中国新文学史稿〉的自我批判》。《语言学研究与批判》第一辑1958年由高等教育出版社出版，主要批判王力和高名凯、陆宗达、岑麒祥。第二辑出版于1960年，内容就只有“研究”而没有“批判”了。

学学报》还刊登了林庚的论文《盛唐气象》，《文艺报》也发表了王瑶以马克思主义观点批判胡风、冯雪峰的长文。[1] 没有想到转眼之间，他们就成了批判对象，成了“资产阶级学术思想”的代表人物。对王瑶的批判，导致他自 1955 年开始担任的《文艺报》编委职衔，从 1958 年 10 月的第 19 期起被撤销。

在运动中，北大中文系的这些先生的学问，被批判为“伪科学”：他们的“文学史著作中，除了大量的繁琐考证和材料堆砌外，就是从资产阶级观点出发，对于古典作家和作品进行歪曲的解释”。在时势的激荡下，学生们确立了超越他们的勇气，并将这一关系定性为对立阶级之间的取代，“决心跟历代的封建学者和资产阶级专家的文学研究的错误观点彻底决裂”，用集体的智慧撰写“内容全新，体制全新”[2] 的论著：

> **一月之内，在党的领导下，四年级学生、研究生和青**

1　林庚的《盛唐气象》和王瑶的《评雪峰〈论民主革命的文艺运动〉》分别刊于《北京大学学报（人文科学）》1958 年第 2 期、《文艺报》1958 年第 1 期。

2　费振刚：《在战斗中学习和成长》，《人民日报》1958 年 10 月 28 日。费振刚在 1958 年夏天后，担任中文系 1955 级党支部书记，也是文学史编写的主要负责人之一。

年教师根据厚今薄古的原则写出了资产阶级学者没有写过的《当代文学》和《中国现代文艺思想斗争史》两部讲义；写出了《中国六十年来语言学的介绍和批判》一书，达20万字；教师们原计划在1959年才写出这部书，但是，在年青人的手中……短短两个星期就写出来了……四年级学生还写出了一部比较详细的中国文学史教学大纲。三年级学生写出了一部《中国文学史》，长达75万字。几位老教授受教育部委托编写《中国文学史》，写了两年没有完成，三年级学生一个月内就完成了。这个年级的学生还为工农编写了一部成语词典；研究生和一部分青年教师合写一部《马列主义语言学基础》……[1]

这里说的三年级学生一个月编写的中国文学史，就是下面要讨论的“55级文学史”。

1　北京大学中国语文学系编辑:《文学研究与批判专刊》第一辑，“前言”第1—2页。

二、“大协作的机器”

1958年是“人有多大胆，地有多大产”[1]的年头，但几十人在短时间内完成几十万字的中国文学史编写，还是会遇到来自内部和外部的怀疑，这包括编写者的学术资历、拟定的编写完成时间以及编写的方式。这种写作方式挑战了传统有关人文研究工作的一般想象。对于人文学科的研究、写作，可否采用集体大协作方式的质疑，北大中文系1955级学生认为“不但是可能的，而且是一个新的方向”：

> 知识分子从事精神财富的生产，长久以来，他们都是个体劳动者，沿袭下来，人们也总是认为这样是正常情况，无法改变。这种观念一直到1958年我们编写《中国文学史》后才破除。[2]

---

1 这是1958年8月27日《人民日报》一篇文章的标题。

2 费振刚：《在战斗中学习，在群众运动中成长！——1960年8月2日在中国作家协会理事（扩大）会上的发言》，《战斗的集体——北京大学中文系1955级毕业纪念》，1960年内部资料，第64页。

集体协作的首要问题，是如何将分散的个人组成一个思想、步调统一的整体，如何处理统一思想和个人经验之间的关系。无产阶级的未来主义者有着机器崇拜的情结，“55 级文学史”编写者显然从现代工业生产的理念和组织方式上获得灵感：不仅使用“大协作”“机器”等字眼来描述这一科研活动，也把他们的工作直接与 1958 年工业生产“蚂蚁啃骨头”的典型相提并论。[1] 当时在高校开展的批判个人主义和“红专辩论”，常将大工业生产与小生产的手工劳作加以对比，来论证存在决定意识：前者形成工人阶级的集体主义，而小生产和脑力劳动的个体劳动方式，为个人主义滋生提供了温床。因而，在“55 级文学史”编写者那里，探索从个人思考、写作变为集体写作的方式，就不只是具体方法上的意义。如何建造一个“像一部机器紧张而和谐地转动”的组织，而“每个人就是这部机器上的齿轮或螺丝钉”？[2] 在文学史出版后，编写者总结了下面几条

1 1958 年 6 月，上海小型的建设机器厂工人用自己创造的四台小机器，加工制造了化肥设备的大部件，把这种加工方法比喻为“蚂蚁啃骨头”。《解放日报》《新民晚报》等做了广泛报道推广，成为当时克服条件限制、发挥集体力量办大事的典型。

2 费振刚：《在战斗中学习，在群众运动中成长！——1960 年 8 月 2 日在中国作家协会理事（扩大）会上的发言》，《战斗的集体——北京大学中文系 1955 级毕业纪念》，1960 年内部资料，第 64 页。

经验。

首先是标准、指导思想。编写者说，他们通过组织理论学习和贯穿全过程的“务虚会”，实现标准、规则的制定和实施。一开始，主要是学习马列主义、毛泽东的论著，以之作为指导思想，并“就一些根本问题展开辩论”，达到“认识的统一”，“进行了五天的理论学习和鸣放”。[1]理论学习和“务虚会”针对三个层面的问题：一是参加者的思想、工作态度，确立个人无条件服从集体的原则；二是历史叙述和作家作品评价、分析的理论根据和标准；三是发现、建构中国文学史的“规律”，作为统御整部文学史叙述的基本框架。这里体现的理念和方法，在当时的史学界被概括为“以论带史”的方法。有编写者在回忆中讲到这一方法应用的具体细节（也许这是较极端的例子）：

> 记得全年级同学在编写文学史前，曾经先“解剖麻雀”，聚集在宿舍楼道里，讨论社会上争论的关于《琵琶记》是

1　北京大学中文系55级《中国文学史》编委会：《谁说脑力劳动不能大协作》，《光明日报》1958年12月7日。

否宣扬封建道德的问题。其中有的发言者，其实并没有读过《琵琶记》，连作品人物名字都叫不出来，在长篇的发言中，称的是“男主人公”怎样、“女主人公”怎样的，却可以大谈一番批判性的高深道理，一二三四讲得头头是道。[1]

其次是“严密的机构、制度”：

成立了以党的支委会为核心的编委会，党支部书记挂帅当主编。四个副主编分工负责协助主编进行政治思想工作、业务工作、对外联系、秘书事务工作……建立了先秦两汉、魏晋南北朝、隋唐五代、宋元、明清、鸦片战争到五四等六个业务小组。每组都配备了坚强的党员领导骨干……每个组又根据业务的方面，划分了小小组，作了明确的具体分工……还建立了一整套的会议、汇报制度和规定了工作时间、工作纪律。这样，一部脑力劳动大协作的

1 谢冕、孙绍振、刘登翰、孙玉石、殷晋培、洪子诚：《回顾一次写作——〈新诗发展概况〉的前前后后》，北京大学出版社 2007 年版，第 22 页。

机器就最后“安装”完毕，开始有节奏地转动起来了。[1]

再次是生产过程、产品检验：

“机器”进入了正式生产。党领导编委会把整个“生产过程”，规划为几个阶段：个人和小小组阅读材料，写出详细的有论点、有论据的提纲、小组讨论、修改提纲、编委会审查提纲、个人写初稿、小组讨论、修改初稿（或二稿）、编委会审查、修改、定稿……业务工作的每一步骤，都必须紧紧地加以掌握。尤其是提纲的讨论、修改、审查……[2]

编写过程出现的矛盾，包括学术观点的分歧上，规定了个人无条件服从集体意见的原则：

1 北京大学中文系55级《中国文学史》编委会：《谁说脑力劳动不能大协作》，《光明日报》1958年12月7日。
2 北京大学中文系55级《中国文学史》编委会：《谁说脑力劳动不能大协作》，《光明日报》1958年12月7日。

小组对个人所拟的提纲，往往作出很多正确的补充、修改，乃至全盘推翻。大多数同志对这一点，都能本着坚持真理、勇于辩论、修正错误、服从集体的原则加以接受……但也有少数同志……过分重视自己的意见而忽视集体的正确意见……甚至有个别的人甩袖子不干。这时可以由别人本着小组讨论的集体意见来进行修改或重写工作。但对这种思想，却不能放过，我们就在务虚会上，从原则出发，展开尖锐的批评。[1]

在这个“脑力劳动大协作的机器”中，组装进“机器”的个体可能因此获得超越一己的智慧、力量，但个人也可能被集体孤立、碎片化，灵感和想象力在“集体的正确意见”的压力下被磨损、被抑制。然而，排除了差异性经验，排除个体的奇想、偶然性的集体，它的“正确”有时候也难免走向空洞、僵硬和公式化。

“55 级文学史”的制度和科研方式，后来虽然不再有完整

1　北京大学中文系 55 级《中国文学史》编委会：《谁说脑力劳动不能大协作》，《光明日报》1958 年 12 月 7 日。

的复现，但其中某些理念和工作方法，在当代中国学术生产中有深远影响。

三、“红色文学史”

1958 年，全国各地高校学生的科研活动遍地开花，编写的教材、文学史自然也不止北大中文系编写的这一部。较知名的还有北京师范大学中文系 1955 级学生编写的《中国民间文学史》（人民文学出版社 1958 年版）、复旦大学中文系古典文学组学生集体编著的三卷本《中国文学史》[1]，华中师范学院（现在的华中师范大学）中文系以学生为主体编写的《中国当代文学》也是在这个时候开始的。在这些文学史中，“55 级文学史”受到更广泛的关注，成为产生影响的学术、文化事件。

“55 级文学史”一经面世就获得了“红色文学史”的称号。“红色”主要不是指封面颜色，而是它的“插红旗”的“阶级品格”，它的激进的立论和分析方法，还有集体编写的方

1　此书由中华书局上海编辑所分上、中、下三册分别出版于 1958 年 12 月、1959 年 4 月、1959 年 12 月。

式。“红色文学史”的“前言”有这样的自我评价：

我们不会去粗暴的否认封建学者和资产阶级学者在中国文学史研究上做出的一些贡献，但是不能不指出，由于他们历史的、阶级的局限性，并没有写出一部真正科学的文学史……我们这些站在党的红旗之下的无产阶级学术的新兵，决不能无视目前的状况，更不能安于这种现状，我们再不能沉默了，我们要在党的正确领导下，谈出我们的看法，向资产阶级学术思想展开不调和的斗争，并在这场严重的斗争里，把自己锻炼成插红旗、拔白旗的社会主义科学大军中坚强的战士。[1]

书出版的当月，《光明日报》社论称它是“一部真正的红色文学史”[2]。刊发在《光明日报》上的编委会文章《一本插红旗的中国文学史的诞生》中，谈到该书出版后接到来自全国各地的读者，“其中有文艺界的前辈，有工人，公社社员，解

1 北京大学中文系文学专门化 1955 级集体编著：《中国文学史》上册，人民文学出版社 1958 年版，“前言”第 1—2 页。

2 《出版工作的新方向》，《光明日报》1958 年 9 月 27 日。

放军战士和少先队员的来信，他们称赞我们的文学史是‘红色文学史’，是他们自己的书”[1]。北大中文系主任杨晦等人的相关文章标题也用了“红色”字眼。[2]一年多的时间里，发表在《光明日报》《人民日报》《文汇报》《中国青年报》《北京日报》《文艺报》《人民文学》等报刊的赞扬这部书（包括修订本）或介绍编写经验的文章多达 20 余篇。费振刚是北大中文系 1955 级学生党支部书记，他作为这个集体代表参加了 1959 年第二届全国青年建设社会主义积极分子代表大会，作为特邀代表参加了 1960 年第三次文代会和中国作协理事（扩大）会。陈素琰作为编写组的代表先后出席北京市学习毛主席著作学习会、全国学生第十七届代表大会，他们在会上都做了介绍经验的发言。1959 年 11 月，时任中央文教小组副组长的康生——那时他尚未进入中央权力核心，要到 60 年代初批判“苏修”的战役中有出色表现后，他才得遂此愿——给 1955 级同学的信，对“红色”的含义有联系“反右倾”问题的发挥：

1 《一本插红旗的中国文学史的诞生》，《光明日报》1958 年 9 月 27 日。

2 杨晦、季镇淮、冯钟芸、陈贻焮、李绍广：《红色〈中国文学史〉的科学成就——评北大中文系文学专门化 1955 级集体编写的〈中国文学史〉》，《北大青年》1958 年 11 月 5 日。

学生可以写书，而且可以写像《中国文学史》这样大部头的书，这在两年以前，是不可设想的。对学生可不可以写书，可不可以参加编写教学大纲和教材，去年不少人是有怀疑的。他们以为历史上没有过的事，我们也不应当有；前人所不敢做的事，我们也不应当做。特别是一些右倾机会主义者，总是害怕和反对新生事物和新生力量。他们在新生事物面前，评头论足，百般刁难，大泼冷水。当去年你们编写的《中国文学史》第一次出版的时候，也有过这样或那样的议论，说你们写的书这也不行，那也不好。但是，你们在党的支持和鼓舞下，没有被这股右倾歪风邪气所吓倒，今天又重写了这部120万字的新著。书摆在人们面前，事实打破了人们的怀疑，右倾机会主义者对你们的各种仇言也不攻自破。[1]

四、何其芳的批评

1958年“大跃进”轰轰烈烈，但年底热度开始减弱，国

1 《战斗的集体——北京大学中文系1955级毕业纪念》，1960年内部资料，第2页。

家对出现的偏差、错误颁布调整、纠正的各种措施，这也包括教育领域。1959 年 1 月，中共中央在北京召开教育工作会议，在肯定 1958 年教育革命、学术批判“成绩很大”的同时，指出存在“批判得过多，打击面太广，比较粗暴”[1] 的倾向。会议提出，学校应该以教学为主，发挥教师在教学中的主导作用，建立正常的师生关系，纠正宁“左”毋右的思想倾向。5 月，中央批转教育部党组《关于高等学校学生编写讲义问题的意见》，说学生的主要任务是学好规定的课程，不要为编讲义而编讲义，更不要为了赶国庆献礼而仓促编写，粗制滥造。[2]

这就出现了不同意见得以发表的气候。1959 年上半年，京沪两地的学者围绕北大、复旦学生编写的两部文学史展开讨论。从 3 月到 6 月，上海《文汇报》《解放日报》两家报纸刊登的讨论文章有 40 多篇，《光明日报》“文学遗产”专刊[3] 更

---

1 金铁宽主编:《中华人民共和国教育大事记》第 1 卷，山东教育出版社 1995 年版，第 484 页。

2 参见金铁宽主编《中华人民共和国教育大事记》第 1 卷，山东教育出版社 1995 年版，第 503—504 页；李庆刚《“大跃进”时期“教育革命”研究》，中共中央党校出版社 2006 年版。

3 《光明日报》在 20 世纪 50 年代创办了若干学术专刊，有“史学”“哲学”“文学遗产”等。“文学遗产”专刊第 1 期出版于 1954 年 3 月 1 日，由中国作家协会古典文学部负责编辑，1956 年 9 月，作协古典文学部撤销，专刊改为中国科学院文学研究所主办，主编为陈翔鹤。这是五六十年代中国古典文学研（转下页）

是重要的讨论平台。文章之外，两地还举行多次讨论会。中国作协上海分会文学研究室编辑、出版了《中国文学史讨论集》[1]。在北京，从4月中旬到6月中旬，中宣部指定中国作协和中国科学院文学研究所联合召开四次中国文学史问题讨论会，“55级文学史”和北京师范大学中文系55级学生集体编写的《中国民间文学史》是主要讨论对象和问题来源。讨论会由文学研究所所长何其芳和中国作协书记处书记邵荃麟轮流主持，讨论会地点在当时王府大街中国文联礼堂。[2]京沪两地的讨论集中在三个问题上：现实主义与反现实主义斗争是否是中国文学史的规律，民间文学是否是中国文学的主流，以及具体作家、作品的评价。

6月17日的讨论会上，刚担任中国科学院文学研究所所长不久的何其芳，做了题为“文学史讨论中的几个问题”的长

（接上页）究的重要平台，累计出版832期，1966年停刊。1980年，《文学遗产》改为杂志形式出版。《光明日报》“文学遗产”专刊还出版了《文学遗产选集》和《文学遗产增刊》等书籍。

1 该书1959年10月由中华书局出版，收入讨论文章40余篇，作者有复旦大学、华东师范学院（现在的华东师范大学）等校学生，和刘大杰、马茂元、郭豫适、以群、陈友琴、程俊英、朱东润、王运熙、顾易生、章培恒等学者。

2 参见方铭、马庆洲《一史封皮三易色　此中甘苦费君探——费振刚教授访谈录》，《文艺研究》2013年第1期。

篇发言。[1]这个发言具有讨论总结的性质。在开头和结尾，何其芳肯定“55级文学史”的优点、成就是“主导”的，称赞“年轻同志”宝贵的革命精神，说“在这么短促的时间内写出一部文学史”是“我们这个时代的奇迹”。他还表扬这部文学史具有鲜明的阶级立场，“贯穿着批判资产阶级学术思想的精神”[2]。在这些偏于笼统的赞扬之后，批评、质询就具体、尖锐且全面：不仅指向具体的论述，也涉及所依据的理论和论述方式。

何其芳首先批评了轻易发现“规律”的冲动。说“北大的文学史”提出的“现实主义与反现实主义斗争”和“民间文学主流”的“规律”，“在理论和事实上都是讲不通的”。在引用了恩格斯《卡尔·马克思〈政治经济学批判〉》中的话——“唯物主义的观点即使只是在一个单独的实例上的发展，也是一种需要多年静心研究的科学工作，因为这很明显，在这里仅仅用一些词句是无济于事的，只有大量经过批判的选择和完全掌握

1　何其芳的发言后来撰写成文，连载于1959年7月26日、8月2日、8月9日的《光明日报》“文学遗产”专刊，后来收入《文学遗产选集》第3辑（中华书局1960年版），也收入《何其芳文集》第6卷（人民文学出版社1984年版）。

2　何其芳：《文学史讨论中的几个问题》，载《文学遗产选集》第3辑，中华书局1960年版，第27页。

的历史材料才能使人完成这一任务”[1]后，他强调，“何况在我们面前的是整个中国文学的历史”[2]。

“55级文学史”的民间文学主流论，来自高尔基的论述——“人民不但是创造一切物质财富的力量，同时也是创造精神财富的唯一无穷的泉源”[3]，但也和1958年新民歌和搜集民间文学的运动有直接关系。虽说这部文学史的“前言”称“我国民间文学以铁的事实和内在的真实力量”证明它在中国文学发展中的决定作用，是中国文学的“主流”[4]，但在全书的具体章节中，却可以见到叙述上的煞费苦心、漏洞百出。这部文学史“发现”的另一规律是“现实主义与反现实主义的斗争”。后来的研究者一般认为这个提法来自茅盾的《夜读偶记》。茅盾1958年连载于《文艺报》的长文在当年的影响确实很大，

1 转引自何其芳《文学史讨论中的几个问题》，载《文学遗产选集》第3辑，中华书局1960年版，第27页。

2 何其芳：《文学史讨论中的几个问题》，载《文学遗产选集》第3辑，中华书局1960年版，第54页。

3 转引自北京大学中文系文学专门化1955级集体编著《中国文学史》上册，人民文学出版社1958年版，第2页。

4 北京大学中文系文学专门化1955级集体编著：《中国文学史》上册“前言”，人民文学出版社1958年版，第2页。

包括文艺史的编写。[1]但这一观点并非茅盾新创，在古典文学研究界也不是1958年才开始流行的。[2]苏联文艺理论家涅陀希文（也译作聂托希文或涅多希文）在1953年出版的《艺术概论》中说："现实主义在艺术史上是在与各种脱离现实或至少是片面地、歪曲地反映现实的倾向和流派的斗争中发展的，所以，艺术史也就是现实主义派别与各种反现实主义流派的斗争史。"[3]《艺术概论》虽然1958年才有中译本，但雅·艾尔斯布克质疑涅陀希文这一看法的文章《现实主义和所谓反现实主义》，译文就刊于《学习译丛》1956年第7期。刘大杰1956年的《中国古典文学史与现实主义问题》一文的开头，就谈到他认同艾尔斯布克文章的观点，批评"近几年来"古典文学研究界流行的"一部中国文学史，就是一部现实主义与反现实主义斗争的历史"[4]的观点。当时就这一问题引起的讨论，先后有

---

1 例子之一是，1958年上海音乐学院集体编写《中国现代音乐史》时，就组织学习茅盾的这篇文章并形成全书的框架。参见上海音乐学院《中国现代音乐史》编写组《我们是怎样编写〈中国现代音乐史〉的》，《音乐研究》1959年第6期。

2 涅陀希文在《艺术概论》中说："世界艺术史当作对世界的艺术认识史，即当作客观而真实的或者说现实主义的艺术的产生、形成和发展史，并当作现实主义与各种反现实主义流派的斗争史提出来并加以研究。"（涅陀希文：《艺术概论》，杨成寅译，朝花美术出版社1958年版，第202页）

3 涅陀希文：《艺术概论》，杨成寅译，朝花美术出版社1958年版，第203页。

4 刘大杰：《中国古典文学史与现实主义问题》，《文艺报》1956年第16期。

姚雪垠、李长之、蔡仪等人的文章发表。但必须指出，由于茅盾在中国当代文学界的地位，《夜读偶记》按照这一“公式”对古代作家、作品的系统性归类（文章的第二部分标题是“中国文学史上现实主义与反现实主义的斗争”），这个说法的影响力在1958年得到提升。

“55级文学史”对这一“规律”的运用，极大简单化了阐释视野不说，大批作家、作品被归入“反现实主义”阵营也受到不同程度的否定，如谢朓、王维、孟浩然、韩愈、李贺、李商隐、杜牧、唐五代词、欧阳修、秦观、周邦彦、李清照、姜夔……即使是被分配在“现实主义”（或作为“同盟军”的“积极浪漫主义”）阵营里的作家，虽然得到肯定，但在“人民性”、阶级论的标尺下，阶级“局限性”也被揭发。如批评《古诗十九首》的有些作者“实在最没出息，因为他们不会起来反抗”[1]；责备李白“当自己的理想和现实发生矛盾时，并没有完全去接近人民，汲取力量，加强斗志，相反，仍然过着奢华的上层生活”[2]；也不满意苏轼“只是从‘清官’的立

1 北京大学中文系文学专门化1955级集体编著：《中国文学史》上册，人民文学出版社1958年版，第88页。

2 北京大学中文系文学专门化1955级集体编著：《中国文学史》上册，（转下页）

场来观察人民生活而已，没有真正与人民站在一起”[1]；说罗贯中“还留恋和尊崇正统，不打算根本推翻那个皇朝和改变那个制度”[2]。针对“55 级文学史”说李清照词是“贵妇人生活的写照”，是“卖弄风骚，故作娇态”，写离别的词是“堕入不能自拔的颓废情绪的深渊”这样的批评，曾沉迷晚唐风格的何其芳怎能不发出这样忧郁的感慨：

> 这些批评都是过分的。好像只因她出身于当时的统治阶级，无论是快乐或悲哀，无论是为了什么而快乐或悲哀，就都应当受责备了。[3]

其实，“55 级文学史”编写者与何其芳也非道分两途，泾渭分明。年轻学生也同样有柔软的怜香惜玉和恻隐之心。例子之一是，“红皮本”写到《长恨歌》的时候，对“统治阶级”

（接上页）人民文学出版社 1958 年版，第 293 页。

1 北京大学中文系文学专门化 1955 级集体编著：《中国文学史》下册，人民文学出版社 1958 年版，第 77 页。

2 北京大学中文系文学专门化 1955 级集体编著：《中国文学史》下册，人民文学出版社 1958 年版，第 294 页。

3 何其芳：《文学史讨论中的几个问题》，载《文学遗产选集》第 3 辑，中华书局 1960 年版，第 55 页。

的爱情也有办法网开一面：

> 她（指杨贵妃——引者注）并立下了多么真挚的誓言："但教心似金钿坚，天上人间会相见。"可是悲剧并没有转为喜剧，作者在无比的同情与感慨中结束了长诗："天长地久有时尽，此恨绵绵无绝期！"长诗后半部中的明皇和杨妃在思想感情上已经不再是帝王和贵妃，他们已经成为体现人民坚贞专一的爱情的形象了。[1]

何其芳的看法相信会得到众多学者的首肯，但在当时，这样的批评却不是谁都可以做的，眼界、才情等不说，更需要相应的身份和资格。[2]

---

1 北京大学中文系文学专门化1955级集体编著：《中国文学史》上册，人民文学出版社1958年版，第351页。

2 何其芳在20世纪五六十年代，在文学界和中国作协，被看作古典文学研究界权威发言人。1957年"鸣放"时，吴组缃曾不满地说："这几年我们看到何其芳同志对历次发生的有关作家作品问题的讨论，忙忙碌碌发表论文和意见。给人一种印象，好像他的论文和意见是总结性的……现在何其芳同志东摸一把，西摸一把，楚辞、李词、明清小说和戏曲以至鲁迅作品上下古今都要去谈……是不是在古典文学研究工作上何其芳同志代表党的缘故呢？"（吴组缃：《我的一个看法》，《文艺报》1957年第8期）

五、“中间性”概念

在强调对立、极端，将一切思想、事物一分为二的时代，如何让检查古代作家、作品对人民的态度这一标尺不致过度侵害人们心爱的作家、作品，是那些在遗产中浸染过的学者的焦虑。为此，何其芳在发言中提出“中间性”概念，来构筑一个保护的屏障。他说：

> 在文学史上，在同情人民和反对人民之间，在明显的进步和明显的反动之间，还有大量带有中间性的作品。它们并没有表现出反对人民，但其中也找不到同情人民的内容。它们并不反动，但进步意义也不明显。像王维、孟浩然的许多山水诗和田园诗，李贺、李商隐和杜牧的许多诗，李煜、李清照和姜夔的许多词，马致远的有些杂剧，大致就是这样的作品。[1]

1 何其芳：《文学史讨论中的几个问题》，载《文学遗产选集》第3辑，中华书局1960年版，第27页。

“中间性”提法的前身，可以追溯到1955—1956年的李煜词讨论。这个讨论参加的学者人数之众、规模之大实属罕见，是新中国成立之初，以马克思主义阶级论来占领文学遗产研究界的大型操练。[1]何其芳在1956年6月13日、6月20日北京大学文学研究所李煜词讨论会上的发言，毛星撰写的论文《关于李煜的词》《评关于李煜的词的讨论》[2]，都提出古代文学存在既没有人民性，但也不是反人民的作品。毛星文章的主旨、倾向，是批评当时学界“过高赞扬”李煜，但他指出，“李煜的词没有什么人民性的内容，但也不能说是反人民的。那些写一般相思、伤春等小小哀愁的词和那些写一般离愁别恨的词，自然不能说是反人民的，就是那些分明以帝王身份出现的词，也

1 这场讨论的参加者（包括发表文章和讨论会上发言），有文学理论家和古典文学研究者几十人。除讨论文章外，北京大学文学研究所（中国科学院文学研究所前身）古代文学组，北京大学、北京师范大学、中山大学中文系的文学史教研室以及作协上海分会的古典文学组，都举行了讨论会。《光明日报·文学遗产》编辑部还编辑出版了《李煜词讨论集》（作家出版社1957年版）。

2 何其芳讨论会的发言，参见乔象钟整理《如何评价李煜的词》，载《李煜词讨论集》，第125—133页。毛星《关于李煜的词》刊于北京大学文学研究所编《文学研究集刊》第3册（人民文学出版社1957年版），《评关于李煜的词的讨论》刊于《人民日报》1956年2月23日（另载《光明日报》“文学遗产”1956年第95期）。

不能归入反人民之列”[1]。这个没有人民性也不是反人民的说法，1959 年由何其芳提炼为“中间性”的概念，并引发了 1959—1960 年有关“中间作品”的争论；这个争论也关联到“无害文艺”、文学欣赏的“共鸣”等问题。[2]“中间性作品”的概念，后来也被“55 级文学史”编写者接纳，运用到修订本的作品分析之中。

“中间性”概念的提出，是企图释放被挤压在两端的作家、作品，拉伸分析的光谱，扩大灰色的地带。关于这一“当代”难题，钱谷融此前在他的《论“文学是人学”》(《文艺月报》1957 年第 5 期）中提出的方案是，对王维、李煜、李清照等作家，从他们那里寻找“爱国主义”“人民性”是徒劳的，应该用“人道主义”的原则来解释这一现象；“人民性”是最高标准，而“人道主义”是最低标准。由于这样的策略性背景，“中间性”以及“人道主义”都包含暧昧、脆弱的成分。在当代中国，“中间”（中间作品、中间人物、中间立场）多数时间

1 毛星:《关于李煜的词》，载《文学研究集刊》第 3 册，人民文学出版社 1957 年版，第 98 页。

2 关于“中间作品”问题的讨论，从 1959 年 4 月到 1960 年底，《光明日报》“文学遗产”共刊发讨论文章 40 余篇。

处于可疑、尴尬的处境：既没有独立的位置，也没有获得应有的尊严，因为据说“中间状态是一种暂时的，表面的，不确定的状态”[1]——这是1964年对“写中间人物”的批判语。

六、“黄皮本”和流产的再修订

“红皮本”文学史其实也有很多优点，如何其芳说的，正在学习文学史的学生用很短时间写出这样的著作是个“奇迹”，而全书语言的流畅、一致，在多人合作的情况下也实属不易。另外，从鸦片战争到“五四”一段的“近代文学”论述，在学术界也首先由“55级文学史”奠定基础——在这方面，阿英、季镇淮等先生发挥了重要的作用。

由于形势的变化，学术界开展的讨论和批评，使“55级文学史”编写者在1959年意识到他们“还是处在学习与摸索的过程中”，承认“正确处理”丰富的文学遗产，“是一件非常复杂艰巨的工作”，检讨他们曾有的教条主义观念和工作方法：

1 《文艺报》编辑部：《“写中间人物”是资产阶级的文学主张》，《文艺报》1964年第8、9期合刊。

"不能期望以几个简单的原则来解决一切问题。对待祖国文学遗产的盲目的无批判的歌颂，和一律粗暴的否定，都不是马列主义的态度。"对待不同意见，不应"轻易给对方扣上这样或那样的帽子"[1]。于是，这部出版不足半年的文学史，就启动了大范围的修订。

修订仍然采取集体大协作的方式进行，与写作"红皮本"相比，发生的重要变化是师生关系。在修订进行的1959年，部分教师和学生原先设定的对立的阶级关系已被淡化。古代文学教研室的教师游国恩、林庚、吴组缃、季镇淮、冯钟芸、彭兰、吴同宝（小如）、陈贻焮、沈天佑、吕乃岩、周强等都参加了编写工作，新的编委会也有6位教师加入，其中包括在1958年作为"资产阶级学术"代表的游国恩和林庚。[2]游国恩、林庚、王瑶诸先生在当代中国身份的浮沉起伏难以预测。20世纪50年代初，他们备受尊敬，许多学生报考北大中文系，既慕其历史形成的名声，也为传道授业的诸多著名学者所吸引。但在1958年，他们的学问就成为批判的对象。而到了编

---

1 北京大学中文系1955级编写《中国文学史》全体同学：《投入新的战斗——我们要在学习的基础上修改〈中国文学史〉》，《中国青年》1959年第3期。

2 参加编委会的教师除游国恩、林庚外，还有吴组缃、季镇淮、冯钟芸、陈贻焮。

写修订本时，学生们在时势的引导下收回了咄咄逼人的言辞，写下这样诚恳、温暖的文字：

> 老师们和我们一起战斗，使我们非常兴奋，过去我们从他们那儿学到了很多东西，也得到他们不少的帮助，在这次工作中，我们一定要更加虚心地向他们学习，更多地争取他们的指导和帮助。在学术研究工作中，他们比我们先走了十多年乃至数十年，积累了许多宝贵的经验和有用的知识。[1]

> ……当同学们写成初稿后，老师们又在酷热的天气里，放弃了假期的休息，仔细审阅了初稿，并作了必要的修改和润色。为着探求真理，师生们也展开了热烈的争论和互相批评。师生之间开始建立了民主平等的关系。[2]

---

1 北京大学中文系1955级编写《中国文学史》全体同学：《一浪高一浪，我们要争取更大跃进！》，《文汇报》1959年3月18日。

2 北京大学中文系1955级编写《中国文学史》编委会：《向祖国汇报》，《光明日报》1959年9月29日。

游国恩、林庚等先生地位、身份的这种变化，并非他们个人所能选择，大体反映了当代政治运动的走向，由政治运动的诉求和策略所支配、推动。因而，这里的师生关系就不是一种“自然人性”的关系。在20世纪60年代初，林庚等恢复了学术权威的地位。但“文革”前夕，原先背诵着林庚“马路宽得就像一条河/……汽车的喇叭唱着牧歌”[1]诗句的学生，又开始重演1958年的一幕，在课堂上批评他赞扬的布衣精神、他的“尊李抑杜”，而林庚则在黑板上写下“真理超过一步就等于谬误”，一言不发拂袖而去。[2]他的怒气自然无法阻挡“滚滚向前”的“历史车轮”。

修订后的“黄皮本”扩展到四卷共120万字的规模，资料性、学术性等方面确实大大增强。民间文学主流论、现实主义与反现实主义斗争等“规律”被放弃，“修改了原书中一些简单粗暴和论证不全面不妥当的地方，并且尽我们最大努力补充了原书中一些薄弱部分，几乎百分之九十以上的章节都经过重

1 林庚：《马路之歌》，《人民文学》1956年第11期。
2 参见么书仪《家住未名湖》，北京大学出版社2018年版，第114页。

写和改动”[1]。

不过，编写者没有想到的是，修订本出版前一个月，中共八届八中全会在庐山召开，形势开始从纠正“左”的倾向转为批判“右倾机会主义”，思想文化领域也开始展开对修正主义、人性论、人道主义的批判。“55级文学史”编写者在这种无法预判的情势下，对他们的修订开始反悔，转而检讨修订本的问题：

> 这种观点（“存在着既不反动又没有什么人民性的中间作品”——引者注），对于分析作家作品，造成了一些混乱和错误……例如对王维的山水诗和田园诗，批判其没落阶级的闲情逸致不够，反而说：“这里诗人并不是去写农村生活的本质，我们自然不能拿这个标尺去衡量。”
>
> 用了一些抽象的、不明确的词句去评价作家、作品……如说高适的诗“抒发了人们普通的细微的思想感情”……

1　《中国文学史》编委会：《我们的节日献礼》，《北京日报》1959年9月16日；另见冯钟芸、费振刚、谢冕、张炯、张少康、孙静《“中国文学史”修改中的几点认识》，《光明日报》1959年11月20日。

贺知章《回乡偶书》“有浓郁的人情味”……说王维的《忆山东诸兄弟》等小诗是“表现了对真挚的人与人之间关系的追求”……至于分析一些爱情题材作品，也有一些无原则地歌颂的词句。

对某些战争题材的作品的分析也是有毛病的。有些地方对战争的性质未作认真的分析……修订本中关于民族矛盾和爱国主义的某些问题的具体分析上，有些地方也缺乏鲜明的阶级观点……

本书对于社会历史的叙述，还受了尚钺历史观点的若干影响。主要是过分夸大了“资本主义萌芽”的作用，忽视了封建社会农民与地主的矛盾是主要矛盾这一真理。[1]

于是，1960 年春天，他们打算利用毕业前的半年时间，启动对修订本的再修订。计划在 1961 年“七一”出版第三版，“务其在兴无灭资的斗争中发挥更大的作用”[2]。他们将部分再修

1 北京大学中文系文学专门化 1955 级集体编著：《中国文学史第二次修改初稿的一部分》，“前言”第 5—7 页。

2 北京大学中文系文学专门化 1955 级集体编著：《中国文学史第二次修改初稿的一部分》，“前言”第 1 页。

订的稿子集合，印制了“仅供有关同志提意见时参考”的《中国文学史第二次修改初稿的一部分》[1]。因为是白色封面，有时被称为“白皮本”。

再修订的第三版并没有完成，原因有多个方面。如毕竟已经毕业，许多同学已离校（虽然1955级有不少人留校任教），又如有人会为不断反复感到厌倦（这点纯属推测，没有材料证明），还有是作为高校文科教材的《中国文学史》编写已经启动。而其中主要原因之一应该是受到劝阻。毕业后留在中文系任教的一位编写者回忆说：

> 1960年冬，周扬等来北大中文系听课，要找55级同学谈话。我已留校任教，又恰在系里备课，听到了周扬的意见：“你们那四卷本先不要急着改。不要这股潮流来了，这么改，那股潮流来了，又那么改。书还是先用，用一段时间再说。当初《文学研究》不是很好么，为什么一

1 《中国文学史第二次修改初稿的一部分》共350页，署名“北京大学中文系文学专门化1955级集体编著”，无印制具体日期。内容涉及诸子散文、两汉词赋、建安文学、陶渊明、王孟诗派、李白、白居易、晚唐诗人和唐五代词，苏轼、柳永、李清照、明代诗文、《长生殿》、《红楼梦》以及近代文学等。

定要改为《文学评论》？我反对这样改来改去。”[1]

回忆讲述的这一情况，在周扬后来的讲话中得到证实：

北京大学的《中国文学史》受我们某些报告（指周扬 1960 年在第三次文代会的报告《我国文学艺术的社会主义道路》——引者注）的影响，用反人道主义、反和平主义的标准去衡量中国古代文学。第一版本来是比较“左”的，第二版肯定了一点古人。文代会后，又想改得比第一版还“左”。我劝他们不要这样做。我们的报告是针对目前的国际政治斗争而言，怎么能以此去套历史呢？[2]

北大的文学史曾想用文代会的精神进行修改，反对人道主义、和平主义，这怎么得了？按照这个标准，古人哪

1 黄修己：《自言自语说自己》，载谢冕、费振刚主编《开花或不开花的年代——北京大学中文系 55 级纪事》，北京大学出版社 2001 年版，第 21—22 页。文学研究所 1957 年主办的学术刊物原来刊名为《文学研究》，1959 年改为《文学评论》。

2 周扬：《在文科教材外文组汇报会上的发言》，载《周扬文集》第 4 卷，人民文学出版社 1991 年版，第 3 页。

一个也过不了关。马克思主义之前，没有阶级论，人道主义、和平主义还是好东西。后来，有的地方讨论杜甫有无和平主义，批判杜甫的《兵车行》和《三吏》《三别》。这种现象，一方面反映了当时紧张的政治斗争的气氛，一方面反映了我们的文化水平太低。[1]

当然，批评年轻学生没有稳定性，批评他们在汹涌的潮流激荡下欠缺"定力"的反复，那是不近情理的苛责。即使是有着丰富的生活、知识以及政治经验的积淀者，如周扬，如反复修改《中国文学发展史》的刘大杰，也难以做到这一点，他们也是或被迫或自愿地选择趋时的转向。

七、作为文科教材的"蓝皮本"

从 1960 年冬天开始，政治经济开始进行全面调整，高等教育领域也试行在调整方针下制定的"高校六十条"。在中

1 周扬：《在北京文艺工作座谈会上的讲话》，载《周扬文集》第 4 卷，人民文学出版社 1991 年版，第 30 页。

央书记处和中央文教小组的策划、领导下，包括文科教材在内的高校教材编写工作启动。时任中宣部副部长、中央文教小组成员的周扬，承担了文科教材编写的领导工作。1961 年 4 月 11 日，中宣部、教育部、文化部共同召开全国高校文科和艺术院校教材编选计划会议，教材编选工作全面开展。[1] 在文科教材中，中国文学史（包括古代和现代）显然是重要的项目之一。

在中国文学史古代部分的编写上，曾有人提出以“55 级文学史”为基础修改提高的方案，但这个方案没有被接纳[2]，确定的是由著名专家领衔的主编负责制。整体的编选方针，建立在检讨 1958 年“大跃进”集体科研错误、偏差的基础上。1962 年 5 月 5 日，周扬给中央书记处的《关于高等学校文科教材编选情况和今后工作意见的报告》中指出：

1 相关情况，参见傅颐《“大跃进”前后高等学校文科教材建设的历史回眸——兼论我国人文社会科学学术体系的初创》，《中共党史研究》2010 年第 8 期。

2 1967 年 12 月 12 日，北京大学中文系主任杨晦和文学史家游国恩、林庚曾在 60 年代文科教材编选问题的座谈中讲到这一点。杨晦说：“（关于‘55 级文学史’问题——引者注）我对林默涵说，你们应该在 55 级基础上修改，不应该重编。林默涵说，修改要修改，但是重编已经决定了。”游国恩说：“开始还是提在 55 级文学史的基础上修改的，所以把费振刚也吸收进来。但后来就不讲了，提新老结合，说青年人材料不熟悉。”座谈会记录未正式发表，此处根据笔者当时的记录。

一九五八年以后，教育革命，解放思想，青年人集体编了许多教材，出现了一种新气象，但由于对旧遗产和老专家否定过多，青年人知识准备又很不足，加上当时一些浮夸作风，这批教材一般水平都低，大都不能继续采用。这一次文科教材编选工作就是在这样一个基础上开始的。我们在总结过去经验的基础上，重新制定了文科各专业的教学方案，集合新老力量，重新编选教材。[1]

一个重要的改变就是由集体编写改为专家主编负责制。由周扬提议，《中国文学史》由游国恩担任主编，游国恩提出王起、萧涤非、季镇淮等也一起担任，而费振刚任主编则是周扬直接提出的："费振刚是1955级的，参加过编写的全过程，他

1　周扬：《关于高等学校文科教材编选情况和今后工作意见的报告》，载《周扬文集》第4卷，人民文学出版社1991年版，第143页。不过，1963年之后，在强调阶级斗争和批判修正主义的形势下，周扬这方面的观点发生了转变。他说："教材建设，总的来说还是起了作用的，比原有教材质量有所提高。如果说有缺点的话，是不是对一九五八年的'破'的经验还总结得不够。一九五八年有错误的东西，有些简单化，过多的大批判。但总的精神是好的，不搞苏联的，搞我们自己的一套，政治挂帅，走群众路线……一九六一年批判一些错误，但对该肯定的肯定得不够。教育革命的方向是对的，但有些走过头了；纠正缺点也是对的，但对正确的肯定不够。"（周扬：《高校文科教材编写工作漫谈》，载《周扬文集》第4卷，人民文学出版社1991年版，第249页）

可以作为青年代表参加做主编。”[1]后来，“蓝皮本”《中国文学史》在“说明”中指出：“按历史顺序分别由游国恩主要负责先秦两汉部分、萧涤非主要负责魏晋南北朝隋唐五代部分，王起和季镇淮主要负责宋元明清近代部分。”[2]

另一重要变化是检讨1958年历史编纂中盛行的“以论带史”的研究方式。周扬说：“这个口号（以论带史——引者注）是有毛病的……其结果就会引导人专门讲原则，不讲史料。研究历史就是向史料作调查，向文字的，地下的史料作调查……‘以论带史’，就是叫青年拿历史作为公式去套。从原则出发，而不是从实际出发……一个人如果想成为有知识的人，还要伸两手，一手伸向古代；一手伸向外国。”[3]因此，周扬重视作品选的编选。他说：“我觉得选教材，不但是正面反面要选，对一个人的作品也要选全面。这样使得青年学生对历史的发展有个全貌，不至于把古人想得太好，或者想得太坏，尤其是不要

---

1 参见方铭、马庆洲《一史封皮三易色 此中甘苦费君探——费振刚教授访谈录》，《文艺研究》2013年第1期。

2 游国恩、王起、萧涤非、季镇淮、费振刚主编：《中国文学史》第1卷，人民文学出版社1963年版，“说明”第3页。

3 周扬：《在少数民族文学史讨论会上的讲话》，载《周扬文集》第3卷，人民文学出版社1990年版，第292—294页。

把古人想得太现代化。”[1]

最后完成的四卷本教材，1963 年 7 月由人民文学出版社出版，封面是蓝色的，被称为“蓝皮本”。虽说是重编，但也可以看出，“黄皮本”为“蓝皮本”的叙述框架提供了基础，两者之间还是存在承接的关系的，包括文学史分期的方法等。而作为配套教材的《中国历代诗歌选》，则由林庚、冯沅君主编。[2]“蓝皮本”在“文革”后又做了三次较大幅度的修订，主编之一费振刚在 2002 年最后一次修订的《再修订后记》中说：

> 这部中国文学史编写于 1961—1963 年，正是“阶级斗争”高潮之间相对平静的时期，当时强调实事求是，注意吸收已有的研究成果，力求公允稳妥，再加上游国恩、王起、萧涤非、季镇淮四位老一辈学者广博的学识、严谨的学风、坦诚无间的合作态度以及对我们这些当时还是年轻学人的细心指导和严格要求，使得它虽然不能不有那个

---

1 周扬：《在高等学校文科教材选编计划会上的讲话》，载《周扬文集》第 3 卷，人民文学出版社 1990 年版，第 320 页。

2 《中国历代诗歌选》上编一、二分册由人民文学出版社 1964 年出版，下编由于“文革”，延至 1979 年才出版。

时代的印记，但它仍以内容全面、材料翔实、体例适当、便于教学，既有一定的学术深度，又符合教学规律的要求，而受到高等院校中文系师生的欢迎，至今出版已近四十年，发行量已接近二百万套，有不少高等院校仍用作中国文学史课程的教材。[1]

八、余波

1960 年 8 月，北大中文系 1955 级毕业时，编辑了《战斗的集体——北京大学中文系 1955 级毕业纪念》（自印，未正式出版）的纪念册。该书辑录了陈毅、康生等人的来信，以及 1958—1960 年报刊上发表的有关“55 级文学史”的社论、文章，还包括编写者介绍、总结经验的文章和会议发言。纪念册前面有谢冕执笔的题词：“革命斗争中成长 / 群众运动里开花 / 我们五五级 / 走的是红专道 / 骑的是跃进马 / 听的是党和毛主席的话 / 此去扬鞭万里 / 一生为祖国画最新

1　游国恩、王起、萧涤非、季镇淮、费振刚主编：《中国文学史》第 4 卷，人民文学出版社 2002 年版，第 458 页。

最美的图画。”

40 年后的 2000 年夏天，该年级的部分同学重聚学校，也出版了毕业 40 周年纪念册。纪念册原拟用林庚为 1955 级毕业 30 周年题写的诗句“难忘的岁月”（“那难忘的岁月，仿佛是无言之美”）命名，最后题目确定为“开花或不开花的年代”（谢冕、费振刚主编，北京大学出版社 2001 年版）。从“群众运动里开花”到“开花或不开花的年代”，这里蕴含着“回望逝去的那些时日”时的“难以言说的思绪：欢乐和痛苦、纯真和复杂、获得和失落、自责和醒悟”。[1]

当年这个年级的文学史编写者，多人后来成为知名的批评家、作家、学者，如谢冕、费振刚、张炯、杨天石、孙玉石、孙绍振、黄修己、孙幼军、陈铁民、陈丹晨、吴泰昌、温小钰、王水照、孙静、张少康、谭家健、李汉秋、张毓茂等。回顾这段经历，他们的感受和看法有同有异。“历史”可能有一个主题，但也有众多侧面和细节，何况亲历者位置、立场、感受的不同，差别是自然的。下面试举几例：

1 谢冕：《难忘的岁月（序一）》，载《开花或不开花的年代——北京大学中文系 55 级纪事》，北京大学出版社 2001 年版，第 1 页。

我觉得我们在文学史的编写过程中要充分认识到1949年后用马克思主义思想方法来研究文学的意义……还是应该继承和研究马克思主义的思想方法。

……中国文学史的写作，集体写作有集体写作的好处，不能一概否定……上世纪80年代以后，有人提出集体科研扼杀个性，甚至认为游先生等主编的《中国文学史》也是一道“没有特色的汤”，但在我看来，科学研究，包括人文科学研究，可以有多种方式，既可以以个人为主，也可以进行集体研究，不能说就一定要集体研究，也不能说一定不能集体研究……具体到北京大学中文系1955级学生编写的1958年、1959年这两套《中国文学史》的集体方式，我现在认为不值得提倡。因为，几十年后回过头去看，我们当时是一群没有经过很严格的学术训练，没有多少学术素养的在校大学生，仅凭一腔热忱，我们当时的做法只能是一种比较莽撞的行动。[1]

——费振刚（北京大学中文系）

1 方铭、马庆洲：《一史封皮三易色 此中甘苦费君探——费振刚教授访谈录》，《文艺研究》2013年第1期。

那时我们是多么的鲁莽，用现在流行的话来形容当日的我们，可真的是："无知者无畏！"可未曾想到的是，一次幼稚的行动（指"拔白旗"，批判老师——引者注），却意外地造就了一个成熟的集体。那时我们并未有意识到，我们是在用一种精神补偿我们的过失。在一个充盈着破坏性思想和行动的年代里，我们不自觉地采用了当时通行的方式，实现了一个有悖于世的建设性目标。这个集体编写的行动，逼使我们在最短的时间里，阅读并掌握了大量的资料……而且由于充分的讨论和交流，使个人的思考和众人的智慧得到融合，并由此产生了一种奇妙的效果。[1]

——谢冕（北京大学中文系）

现在看起来，这部书"左"得很，其名声完全是适应形势需要，哄抬起来的……"红色文学史"出版后，我们奉命继续革命。我选择了"虫鱼之学"，编注《近代诗选》。这样，我便大量阅读了鸦片战争以后的诗文别集和近代报

1 谢冕：《难忘的岁月（序一）》，载《开花或不开花的年代——北京大学中文系55级纪事》，北京大学出版社2001年版，第3页。

刊的文艺栏目，总共看过几百种。做注释……好在那时，师生关系已经有所改善，季镇淮教授直接参加编选组，和我们一起工作。此外，我还常去请教游国恩、吴小如两位先生，在他们指导下，加上自己摸索、钻研，我逐渐学会了使用《佩文韵府》《渊鉴类函》《骈字类编》等工具书、类书，懂得了搞注释的门道。编选诗选期间，我们对“红色文学史”作了一次重大修改，比较地可读了。这就是黄皮本的《中国文学史》。这次，我撰写的是近代文学。[1]

——杨天石（中国社会科学院近代史研究所）

这“红色文学史”是应该否定的，事实上在我们的心中也早就将它否定了。那是“大跃进”头脑发热的产物，是为学术领域“拔白旗，插红旗”效力的，是对教育秩序和学术规范的破坏。当然，也是我们幼稚、盲从等缺点的集中表现……我参加“黄皮”书的编写，执笔陶渊明等章节，现在已不敢去看当年写的东西。我对陶渊明毫无研究，手

1　胡波主编：《孙中山研究口述史・京津卷》上，广东人民出版社 2016 年版，第 209—211 页。

上只有一本王瑶先生主编的《陶渊明集》……仅读此书就敢大发议论，想起来就感到脸红……只有用了大篇幅，完整地记述了鸦片战争至五四运动的文学史，做了前人没做的工作，是不应该否定的……这也要感谢阿英先生的帮助。[1]

——黄修己（中山大学中文系）

我常想，参加红皮《中国文学史》编写者，特别是一些主要关联者，包括我自己在内，至今有时还在夸耀地谈论、享用那时获得的“战斗里成长”的“成绩”和“荣耀”，而却很少，甚至几乎没有更深层次的自赎和反思，很少有一种深深的内疚与忏悔，这是一个问题……我们曾经很深地伤害过包括林庚先生在内的自己的一些老师们，今天我们是有愧于林庚先生的。我觉得我们不应当在历史过失面前集体无记忆，集体失语。[2]

——孙玉石（北京大学中文系）

---

1 黄修己：《自言自语说自己》，载《开花或不开花的年代——北京大学中文系55级纪事》，北京大学出版社2001年版，第20—21页。

2 谢冕、孙绍振、刘登翰、孙玉石、殷晋培、洪子诚：《回顾一次写作——〈新诗发展概况〉的前前后后》，北京大学出版社2001年版，第39页。

注：李浴洋、李静、姚丹、袁一丹对本文初稿提出修改意见，袁一丹校对了所引的某些资料，指出其中的错漏，特此对他们表示感谢！

（原刊《文艺研究》2020年第11期）

死亡与重生?

——当代中国的马雅可夫斯基

一、"进攻阶级的伟大儿子"

据相关资料[1]，最早在中国介绍马雅可夫斯基的文章，是1921年刊于《东方杂志》第18卷第11号上胡愈之的《俄国的

1 参见陈守成、丘金昌、刘海芳编辑、整理《"马雅可夫斯基在中国"资料索引》，载《马雅可夫斯基研究》，武汉大学出版社1980年版，第257—300页。

自由诗》（署名化鲁），之后是1922年《东方杂志》第19卷第4号上胡愈之的《俄国新文学的一斑》，沈雁冰1922年10月刊于《小说月报》第13卷第10期的《未来派文学之现势》。瞿秋白在20世纪20年代初，也写了题为“马霞夸夫斯基”[1]的文章，对这位诗人情况的介绍与他在苏联活跃的时间同步。至于作品的翻译，最早是1929年李一氓译、郭沫若校的《新俄诗选》（光华书局1929年版）[2]，里面收入《我们的进行曲》等作品。此后在三四十年代，各类报刊刊登了不少译文和评论文章。不过，中译作品专集，在“现代”时期只有两部：一是1937年上海MOTOR出版社的《呐喊》，译者万湜思（姚思铨），书名取自马雅可夫斯基长诗名字（该诗后来通译为《放

1　该文收入郑振铎编著的《俄国文学史略》（商务印书馆1924年版）中的第十四章“劳农俄国的新作家”。后《文学月报》1932年第2期（7月10日）再次发表此文。马雅可夫斯基在中国先后有梅耶谷夫斯基、梅耶戈夫斯基、马霞夸夫斯基、马亚柯夫斯基、玛雅考夫斯基、玛雅阔夫斯基、玛雅可夫斯基等20多种译名。1953年后，通译为马雅可夫斯基（参见丘金昌《马雅可夫斯基名字中译考》，载《马雅可夫斯基研究》，第300—302页）。

2　《新俄诗选》由李一氓据英译本的《俄罗斯诗歌》译出，郭沫若校订，收入马雅可夫斯基、叶赛宁、勃洛克、别雷等25家诗作，再版时改名为《我们的进行曲——新俄诗选》。

开喉咙歌唱》）[1]；二是时代出版社出版于 1949 年的庄寿慈译的《我自己》。

这位诗人在 20 世纪三四十年代中国文学界（特别是左翼文学界）已有很高知名度，所以郭沫若 1945 年应邀访苏时特地参观马雅可夫斯基纪念馆[2]并题诗，赞美他是“进攻阶级的伟大儿子”，说中国人“早知道你的名字”，“你的声音 / 好像风暴 / 飞过了中央亚细亚。/ 任何的 / 山岳、沙漠、海洋 / 都阻挡不了你”[3]。

其实，阻挡不了的中文译介热潮，还是要到 20 世纪五六十年代。在这个时期，他被当作革命诗人的旗帜、典范对待，可以说，没有任何外国诗人在那个时期享有这样的殊荣。从 1950 年到 1966 年，出版的马雅可夫斯基诗集中译本不下三十五六种。除选集外，还有《一亿五千万》《好！》《列宁》等长

1　万湜思的翻译根据世界语译本。译者在《呐喊》“后记”中说，在中国，“马雅可夫斯基的姓名，我们已如此熟悉，而他底诗作我们却如此生疏。实在是很不爽气的事”。

2　先后访问过纪念馆的中国诗人、作家除郭沫若外，还有戈宝权、艾青、李季、方纪、刘白羽、戈壁舟等。

3　据《中国大百科全书・外国文学卷（1）》（中国大百科全书出版社 1982 年版）第 670 页的手稿复印件。此诗收入《沫若文集》第 9 卷（人民文学出版社 1959 年版）中的《洪波曲・苏联日记》时，文字和分行均有改动。

诗单行本和《给青年》《给孩子的诗》等专题诗集。其中，出版频率最高的是《好！》和《列宁》两个单行本。[1]除专集外，各种诗选和报刊选入、刊载的马雅可夫斯基作品难以统计。1957年到1961年人民文学出版社陆续出版的《马雅可夫斯基选集》五卷本，是这个时期的重要成果。它属于重点组织的文化“工程”，采取集体合作的方式，有多达二三十位译者参加，包括萧三、戈宝权、余振、张铁弦、丘琴、朱维之、庄寿慈、王智量、乌兰汗、任溶溶、卢永、岳凤麟等人和北京大学俄语系学生。2500余页的五卷本选集，在80年代初做了调整、修订后，出版新版四卷本选集。除了作品翻译之外，评论文章数量也相当可观。50年代到60年代前半期，以及“文革”后的70年代末，报刊发表的评论、研究文章有二三百篇之多。除文章之外，不少诗人还写了“献诗”。撰文作诗者涵盖当年著名的作家和翻译家，如郭沫若、戈宝权、萧三、艾青、巴人、曹靖华、刘白羽、徐迟、田间、张铁弦、赵瑞蕻、鲁藜、夏衍、林林、蔡其矫、何其芳、袁水拍、力扬、余振、刘绶松、

1 《好！》有余振、飞白等译的五种，《列宁》有赵瑞蕻、余振、黎新、飞白等译的十种。

方纪、臧克家、靳以、安旗、李季、严辰、李瑛、程光锐、赵朴初、邹荻帆、汪飞白、戈壁舟、李学鳌、韩笑……马雅可夫斯基被中国当代许多诗人看作“导师”一般的人物，是无产阶级诗歌的旗帜。

因此，马雅可夫斯基的观念和诗艺，自然在当代中国诗人那里也留下“脚印”。最主要的是诗人与革命、诗歌与政治的观念，也包括诗的取材，具体的象征、结构方式，以至分行和节奏的处理。“影响”是个复杂的问题，一般难以明确指认，因此，20 世纪 30 年代田间的《给战斗者》是否受马雅可夫斯基影响存在争议：作者本人虽多次否认，一些研究者却言之凿凿、不容置疑。[1]但是，仍有些“痕迹”是清晰可辨的。如 1950 年石方禹的长诗《和平的最强音》，1955 年郭小川的《致青年公民》(组诗)，1956 年贺敬之的《放声歌唱》和后来的《十年颂歌》……如果说《马雅可夫斯基夏天在别墅中的一次奇遇》，是否催生了《马雅可夫斯基广场奇遇》(李季)和《朗

1　林贤治认为，马雅可夫斯基的诗作，在 20 世纪三四十年代的“左翼作家和进步青年中是有影响的，出现了一些仿作；其中，成就最大的要数田间，他的短促有力的诗行，显然是从马雅可夫斯基那里获得节奏和韵律方面的灵感”（林贤治：《真假马雅可夫斯基》，http://www.sohu.com/a/130751289_488308）。

诵会上的一段奇闻》(郭小川)尚不能确定，那么，李季、闻捷1958年配合时事的报头鼓动诗，应与马雅可夫斯基的“社会订货”“罗斯塔之窗”的理念和实践有关。[1]马三立的相声《开会迷》的灵感，显然来自马雅可夫斯基的《开会迷》。[2]1958年，田汉剧本《十三陵水库畅想曲》中的人物说，20年代马雅可夫斯基说50年后的臭虫在苏联成为稀有动物，而在中国，麻雀、耗子、苍蝇已成为稀有动物。[3]

自然，最大的“影响”是20世纪50年代到80年代中国当代政治诗体式的形成。它的艺术资源，除了西方浪漫派诗歌和中国20世纪左翼诗歌之外，最直接的是被阿拉贡称为“当代政治诗的创始人”[4]的马雅可夫斯基：他的贴近时代的主题，

---

1 后结集为《第一声春雷——“报头诗”第一集》《我们插遍红旗——“报头诗”第二集》(李季、闻捷著，敦煌文艺出版社1958年版)。

2 马三立在相声中常将自己与马雅可夫斯基联系在一起。在《十点钟开始》中，有“马三立，就是中国的马雅可夫斯基！几年之后再见着我啊，就不这样啦！”“我写，我写小说上比巴金，下比柳青，超过托尔斯泰，不让巴尔扎克，外国有马雅可夫斯基，中国有马三立”等说法。

3 指马雅可夫斯基1928年创作的剧本《臭虫》。《十三陵水库畅想曲》中的人物陈培元有这样的台词：“马雅可夫斯基的剧本《臭虫》说到五十年后臭虫成为稀有动物。如今在中国，臭虫之外，麻雀、耗子、苍蝇都成了稀有动物了。”(《剧本》1958年第8期)

4 路易·阿拉贡：《从彼特拉克到马雅可夫斯基》，雷光译，载《法国作家论文学》，生活·读书·新知三联书店1984年版，第363页。

直接参加到历史进程中去的行动姿态，对新社会制度的热烈赞颂，以及“楼梯体”的诗行、节奏等方面。

二、无产阶级诗人的“样板”

不过，20 世纪五六十年代中国读者接受的是经过简化、偶像化[1]——或用一个中国特色的词“样板化”——处理的马雅可夫斯基。“样板化”过程发生在 30 年代中期的苏联。马雅可夫斯基生前在苏联就名声大噪，不仅在诗歌界，在公众中也有很大影响。他生命的后期，奔走在苏联各地，举办过几百次演讲和诗歌朗诵会。群众被他“像教堂里的大钢琴似的宏壮”的声音震撼。他积攒着将近两万张的听众扔到舞台上的提问条子。[2] 马雅可夫斯基的密友埃尔莎 · 特里沃雷（曾经是马雅可夫斯基的情人，莉丽 · 布里克的妹妹，后来成为阿拉贡的

1 参见蓝英年《马雅可夫斯基是怎样被偶像化的？》，载《冷月葬诗魂》，学苑出版社 1999 年版，第 275—285 页。

2 在《我自己》的 1927 年部分，马雅可夫斯基写道：“我继续当游吟诗人。收集了大约两万个意见条，现在真想写一本《总的答复》（答复那些小纸条）。我知道读者群众想的是什么。”（马雅可夫斯基：《我自己》，庄寿慈译，载《马雅可夫斯基选集》第 1 卷，人民文学出版社 1957 年版，第 26 页）

妻子，阿拉贡有无数的诗献给她）写道：“我没有亲眼看见马雅可夫斯基如何光荣成名。当我一九二五年回莫斯科时，这已经是既成的事实。路上行人，马车夫全认得他。人们互相交头接耳地说：‘瞧，马雅可夫斯基……’”[1]马雅可夫斯基自己在《新生的首都》(1928）中写到他演讲、朗诵的盛况：“最近两个月，我到苏联各个城市作了约四十次演讲……一天里（在一天当中，而不是仅有一天），我从清晨汽笛响起的时候，一直朗诵到晚上汽笛响起的时候为止……敖德萨的码头工人，把旅客的皮箱运上轮船之后，无须互通姓名，就向我问好……催促我说：‘告诉国家出版局，把你的《列宁》卖得便宜些。’”[2]他的葬礼，据埃尔莎说，有几十万人（也有材料说是30万人）参加。

这样的名声显赫，并非靠政治、文学权力的刻意营造，也因此，他生前和死后的几年间，围绕着他的评价也纷杂而矛盾：

1 霭尔莎・特丽沃蕾：《马雅可夫斯基小传》，罗大冈译，文化工作社1953年版，第87页。霭尔莎・特丽沃蕾，现通译为埃尔莎・特里沃雷。

2 马雅可夫斯基：《新生的首都》，李佑华译，载《马雅可夫斯基选集》第5卷，人民文学出版社1961年版，第148—149页。

……马雅可夫斯基在文学界的敌人是数不清的，无论在他生平哪一个时期。曾经有一些文学派别和一些文学运动出来反对过马雅可夫斯基的未来主义，反对他的左翼作家组合（指“列夫”，即“左翼艺术阵线”，一九二三年成立，马雅可夫斯基担任这个组织创办的杂志主编——引者注），曾经有些人认为要写诗就得永远写普希金、托尔斯泰一类的诗，也有些人除了无产者作家以外什么全不接受，另一批人责备马雅可夫斯基写骚动的诗，政治诗与社会诗，他们甚至胆敢说马雅可夫斯基自己就不相信他所写的（每）一个字。也有人责备他的抒情诗，爱情诗，据说那是不能为无产阶级服务的。有人指摘他对于党不折不扣的忠实，也有人责备他为什么始终没有要求恢复党籍。有一群人说他完蛋了，挤干了，身上已经没有余剩半丝才气了……

他的作品只能以不敷需求的数量出版[1]；他的著作，他的照相，被人抛出图书馆的大门。一九三四年我在莫斯科的作家大会上，责问上述文学小吏之一为什么他在一篇论文中竟然把马雅可夫斯基的名字都删去了……那个文学小吏对我说："现在有一种马雅可夫斯基崇拜，而我们和这种崇拜作斗争。"[2]

"转机"发生在1935年。这一年的11月，莉丽·布里克以"遗孀"的口吻（她确实也有这个资格，马雅可夫斯基在遗书里将她列在"家人"的第一名）给斯大林写信，对马雅可夫斯基的不被重视提出申诉。斯大林很快做了批示，这就是刊登在当月17日《真理报》上的、很长一段时间伴随着这位诗人的那段话："马雅可夫斯基过去是、现在仍然是我们苏维埃时

---

1 1921年5月6日，列宁在写给卢那察尔斯基的便条中写道："赞成把马雅可夫斯基的《一亿五千万》出版五千册，这难道不害臊吗？荒唐，愚蠢，极端愚蠢和自命不凡。依我看，这种东西十种里只能出一种，而且不能多于一千五百册，供给图书馆和怪人。"（《列宁论马雅可夫斯基》，载岳凤麟编《马雅可夫斯基评论集萃》，北京大学出版社1987年版，第25—27页）

2 霭尔莎·特丽沃蕾：《马雅可夫斯基小传》，第91—94页。这里的"文学小吏"未确指，应是与"拉普"领导人有关。另外，1934年苏联第一次作家代表大会做诗歌方面专题报告的是布哈林，他极力推荐帕斯捷尔纳克，认为他是"诗歌巨匠"，这引起别德内依等诗人的不满。

代最优秀的、最有才华的诗人。”斯大林批示的内情，20 世纪五六十年代的中国读者并不知晓，有学者分析说，写信者和批示者都各有政治图谋，这些留待有心人继续勘察。[1] 中国当代读者知道马雅可夫斯基名字的同时，也知道斯大林的这个评价。领袖的批示刊出，就如我们熟知的操作程序，《真理报》《文学报》等开足马力掀起了既宣扬，也规范马雅可夫斯基形象的热潮。当月，苏联中央执委会（1922 年到 1938 年苏联苏维埃代表大会的常设机构）决议出版马雅可夫斯基 12 卷全

---

1 在 20 世纪五六十年代，当代中国对斯大林批示的引述，主要来自苏联学者、作家的论著，如季莫菲耶夫《苏联文学史》。在《苏联文学史》中，这段话记载为 ：“1935 年 12 月 17 日，斯大林在《真理报》上写道：‘马雅可夫斯基过去是、现在仍然是我们苏维埃时代最优秀的、最有才华的诗人。对纪念他的事情不关心，对他的作品不关心是错误的。’”（季莫菲耶夫：《苏联文学史》上，水夫译，作家出版社 1956 年版，第 270 页）后来苏联部分档案解密，得知斯大林是在莉丽·布里克写给他的信件上做的批示。全文据蓝英年的引述是：“叶若夫同志，我恳请您重视布里克的信。马雅可夫斯基过去是现在仍然是我们苏维埃时代最优秀的、最有才华的诗人。对他的纪念和他的作品漠不关心是犯罪。我看布里克的申诉是有道理的。请同她联系并把她召到莫斯科来。让塔尔和梅赫利斯也参与此事，你们通力弥补我们的损失。如果需要我的帮助我愿尽力。此致。约·斯大林。”尼古拉·叶若夫时任苏联人民内务部委员，主持苏联 1936 年到 1937 年的大清洗，但他 1940 年也被枪决。塔尔是中央出版局局长，梅赫利斯则是《真理报》的总编辑。蓝英年认为，莉丽·布里克写信和斯大林的批示，都有明显的政治动机（蓝英年：《马雅可夫斯基与“凶狠天才”莉莉娅》，载《冷月葬诗魂》，学苑出版社 1999 年版，第 115 页）。

集[1]，随后，在原先诗人寓所建立纪念馆，将莫斯科凯旋广场更名为马雅可夫斯基广场，广场上著名的铜像则是1958年才建立的，它连基座高达6米，设计者亚历山大·基巴尔尼科夫因此获得1959年度的列宁奖金。原先将马雅可夫斯基当作无产阶级"同路人"，质疑他的诗歌观念和写作方法的"拉普"、苏联作协负责人法捷耶夫（1956年5月13日，他在寓所也用手枪结束了自己的生命），检讨了在评价上的"失误"，并在1940年4月马雅可夫斯基逝世十周年纪念会上做报告，坚定阐述他曾批评的对象的"巨人的脚步和宏亮的声音"，颂扬他的"伟大的，日益增长的力量"[2]。

在苏联，围绕马雅可夫斯基的不同声音消失了。他获得了生前肯定意想不到的荣耀——这荣耀部分是他应得的，但也给他带来悲哀（假如他还能够感知）。埃尔莎·特里沃雷令人信服地认为，马雅可夫斯基是个有着"异乎寻常的生命弹力"的

---

1 12卷本全集1940年由莫斯科国家文学出版社出版，1955年该社又出版13卷本全集。

2 参见法捷耶夫《马雅可夫斯基》《作家与现实》，载岳凤麟编《马雅可夫斯基评论集萃》，北京大学出版社1987年版，第77—98页。法捷耶夫1939年在《作家与现实》中检讨自己过去对马雅可夫斯基创作认识上的错误，认为他的《列宁》《好！》《穿裤子的云》与那些写配合时事的诗，同样"都是伟大的"。

人，他不会“固定在一个‘运动’之中”[1]。但“榜样”有时意味着被简化、修剪，按照秩序重新排列，固定在一个位置上。他因此失去“生命力的弹性”。帕斯捷尔纳克说这恐怕是“第二次……死亡”[2]——这不是没有道理。

因为接受的是经由苏联“固定”了的、作为“样板”的马雅可夫斯基，中国当代读者难以对他有另外的想象：接收不到任何相异的信息，理解也就没有拓展的空间。读者不了解20世纪20年代那些革命领导人（列宁、托洛茨基、布哈林、卢那察尔斯基等）对马雅可夫斯基不同甚至对立的评价，对苏联二三十年代发生的激烈争议毫不知情；不清楚他与“拉普”领导人之间紧张关系的根由；不清楚“列夫”（1923—1925）和“新列夫”（1927—1928）时期，马雅可夫斯基的诗歌和俄国形式主义者、各种艺术先锋派的关联。在50年代，中国批评家喜欢引用列宁对《开会迷》的称赞，却不清楚这位革命领袖其实对马雅可夫斯基并无好感。列宁说自己理解和欣赏普希金，

1 霭尔莎·特丽沃蕾：《马雅可夫斯基小传》，罗大冈译，文化工作社1953年版，第30页。

2 帕斯捷尔纳克：《人与事》，乌兰汗、桴鸣译，生活·读书·新知三联书店1991年版，第164页。

“涅克拉索夫也承认”，“但是，马雅可夫斯基，对不起，我不理解他”。[1]1958年，苏联的《文学遗产》杂志第65卷刊发了《关于马雅可夫斯基的新材料》第1辑，披露了马雅可夫斯基给莉丽·布里克的125封信。材料当时没能介绍到中国，苏共中央认为这批材料有损诗人形象，并对此提出批评，这导致材料第2辑发表的流产。

至于马雅可夫斯基并非无关紧要的私生活，他与多个女人，特别是与莉丽·布里克的关系更是讳莫如深。马雅可夫斯基针对叶赛宁自杀的诗句（“在今天的生活里，死并不困难，但是将生活建成却困难得多”[2]）被中国读者无数次征引，却无视他的“自杀与‘彼岸’的念头”，这个念头与“对生命的肯定，对生活着尤其使生活更美好的必要性”，在他的诗中“错综交织着”：

我愈来愈想

1 参见《列宁论马雅可夫斯基》，载岳凤麟编《马雅可夫斯基评论集萃》，北京大学出版社1987年版，第17—36页。

2 马雅可夫斯基：《给谢尔盖·叶赛宁》，李海译，载《马雅可夫斯基选集》第2卷，人民文学出版社1959年版，第123页。

拿一粒枪弹来做我生命的最后的句点。

——《脊椎骨的笛子》（也译《脊柱横笛》）

心蹦向枪弹

喉咙梦想着刺刀

……

多少秘密隐藏在你那些玻璃瓶后边。

你认识最高的正义，

药剂师，

让

我的灵魂

无痛无楚

被引向太空。

——《人》[1]

1 转引自霭尔莎·特丽沃蕾《马雅可夫斯基小传》，罗大冈译，文化工作社1953年版，第41—43页。

三、“死亡”与“复活”

中苏分裂在20世纪60年代初公开化，对苏联文学的介绍、翻译的数量逐渐减少，马雅可夫斯基也不例外，“文革”的十年中则处于停滞状态。但是，狂热的“革命”正好是政治诗滋生的丰厚土壤，马雅可夫斯基的那种诗歌体式继续拥有极强的生命力。“红卫兵战歌”[1]，郭小川、张永枚等人这个时期的诗，“工农兵学员”的《理想之歌》，“文革”后到80年代初贺敬之、张学梦、叶文福、骆耕野、曲有源、熊召政等人的创作，都受到马雅可夫斯基的影响。自然，这里列举的诗人、诗作的思想艺术水准高低互见，甚或差距悬殊。

1977年之后到80年代初，马雅可夫斯基在中国被重新提起，并和这个时期诗歌的政治性写作热潮形成互动。1980年4月，全国苏联文学研究会在武汉召开马雅可夫斯基研讨会。除作家、诗人徐迟、曾卓、骆文、刘湛秋、李冰外，俄苏文学

---

1 参见首都大专院校红代会《红卫兵文艺》编辑部编《写在火红的战旗上——红卫兵诗选》，1968年；刘福春、岩佐昌暲编《红卫兵诗选》，（日本福冈）中国书店2002年版；王家平《疯狂的缪斯：红卫兵诗歌研究》，台湾五南图书出版公司2002年版。

和马雅可夫斯基作品翻译家、研究者戈宝权、陈冰夷、余振、高莽（乌兰汗）、汪飞白、丘琴、汤毓强、岳凤麟、王智量等悉数出席。召开某一外国作家、诗人的全国性研讨会，这在新时期颇罕见。会议组织者的动机，应该是在当时政治诗的热潮下来重申马雅可夫斯基诗歌的意义，在新的历史时期激活这一社会主义现实主义的文学资源，但也包含对过去的批评与研究存在的缺陷的纠正。因此，遂有"马雅可夫斯基并没有死，他还活着"（丘琴）、"我国当前还需要继承马雅可夫斯基的革命传统"（陈冰夷）、"他的诗至今仍有很大的生命力……今天还能使我们感到振奋和鼓舞我们前进"（戈宝权）、"我要像马雅可夫斯基那样战斗"（熊召政）这样的言论的出现。[1]

但是，与研讨会的预期不同的是，"召回"难以阻挡他在读者和诗歌界的淡出。在一个对"革命"反思，以至以"告别"为思潮的时代，"革命诗人"马雅可夫斯基的这一命运几乎是必然的。在苏联，对马雅可夫斯基评价的变化，在50年代斯大林去世后就已发生，但整体性的淡出却与当代中国几乎

1　参见《马雅可夫斯基研究》，武汉大学出版社1980年版。

同步，大致在80年代后期到90年代初。[1]这一方面是因为时代政治氛围的变化，另一方面也是因为一些材料陆续被披露。

从诗歌史和读者的角度说，则是禁锢解除之后，中国读者终于获悉，20世纪的俄罗斯诗歌，马雅可夫斯基并非唯一，而且也不一定就是“最高”，同时代的诗人还有勃洛克、阿赫玛托娃、帕斯捷尔纳克、曼德尔斯塔姆、茨维塔耶娃……当然，评价上的这一变化，也是“偶像化”留下的后遗症。有论者抱怨，1993年马雅可夫斯基一百周年诞辰在俄国的纪念活动，规模不大，显得冷清，没有往常纪念会少先队列队鼓乐献花，报刊也没有了大量颂扬文章，“这与前几年马雅可夫斯基的同时代人阿赫玛托娃、帕斯捷尔纳克、曼德尔斯塔姆、茨维塔耶娃等的百年诞辰的纪念活动的热闹景象形成强烈的对照”[2]。这与中国的情况也非常相似。对文学史经常发生的这类现象，有学者引用英国作家卡内蒂的话来解释：“只看见过一次的东西不曾存在，天天看见的东西不再存在。”[3]阿赫玛托娃

---

1 苏联对马雅可夫斯基重评的情况，参见张捷《“我希望为我的国家所理解……”——从马雅可夫斯基百岁诞辰纪念活动谈起》，《世界文学》1994年第4期。

2 张捷：《“我希望为我的国家所理解……”——从马雅可夫斯基百岁诞辰纪念活动谈起》，《世界文学》1994年第4期。

3 参见丁雄飞《黄子平再谈“20世纪中国文学”》，《上海书评》2012年9月23日。

们已经被冤枉、诬陷和埋没了半个多世纪，马雅可夫斯基在很长一段时间里则“天天看见”。

但马雅可夫斯基毕竟是20世纪重要甚或伟大的诗人，他并未真的消失、死亡，大抵是回到比较正常的状态：显赫的地位不再复现，不再不可“侵犯”，对他提出异议也不再是“犯罪”。他的诗集在中国仍在出版，只不过已经不是那么频繁了[1]；纪念活动、研讨会也召开，只不过不会再有很隆重的规模；不断有评论、研究文章发表，评价却显然大不如前。

不过，针对这位诗人被忽视现象的批评声音也一直存在。20世纪90年代初，俄苏文学翻译家张捷就对有些人随便抛弃马雅可夫斯基表示忧虑、不满。1993年，北京显得冷清的马雅可夫斯基诞辰一百周年纪念活动也透露了这种情绪。近十多

1 从20世纪80年代到21世纪，马雅可夫斯基的作品中译本在中国出版的情况是：1977年出版长诗《列宁》单行本；80年代人民文学出版社出版四卷本的选集；上海译文出版社出版三卷本的《马雅可夫斯基诗选》（飞白译）；1988年，人民文学出版社出版卢永编选的《马雅可夫斯基诗选》；2000年，北岳文艺出版社出版《马雅可夫斯基诗歌精选》。另外，不少诗歌选本选入他的作品，如王智量的《德俄四家诗选》（华东师范大学出版社2013年版）。

年来，期待与“天使长”[1]般的巨人“再遇”[2]，让他回归“世纪诗人”的位置的愿望越发强烈。在一些诗人和批评家那里，马雅可夫斯基既是难以磨灭的历史记忆，也是抵抗社会腐败和诗歌弊端的可寻求的历史支援。2016 年，吉狄马加的长诗《致马雅可夫斯基》在诗歌界引起热烈反响[3]，足以证明这一点。长诗征引了亚·勃洛克的话——“艺术作品始终像它应该的那样，在后世得到复活，穿过拒绝接受它的若干时代的死亡地带”——描述马雅可夫斯基在 20 世纪后半叶的遭遇：那些“曾经狂热爱过你的人，他们的子孙 / 却在灯红酒绿中渐渐地把你放在积满灰尘的脑后”。长诗“论述”了马雅可夫斯基人和诗

---

1 1918 年，初见马雅可夫斯基并听了他的朗诵，为他高大魁伟的身材和他的创造力、气势所吸引，茨维塔耶娃写了《致马雅可夫斯基》，其中有这样的句子：“高过十字架和烟囱 / 经受烽火烟尘的洗礼 / 迈着天使长有力的步伐 / 真棒，世纪之交的弗拉基米尔！”（转引自谷羽《茨维塔耶娃心目中的马雅可夫斯基》，《诗选刊》2016 年第 4 期）

2 刘文飞在 1993 年和 2011 年纪念马雅可夫斯基 100 周年和 118 周年诞辰纪念活动上的演讲，分别使用了《我们和马雅可夫斯基相遇》和《再遇马雅可夫斯基》的题目。

3 《当代文坛》2016 年第 4 期刊登了讨论这一长诗的专辑，发表了王干、谭五昌、张嘉谚、朵渔、敬文东、杨四平、谷羽等诗人、评论家的 7 篇文章。另外，耿占春的《吉狄马加：返回吉勒布特的道路》（《收获》2016 年第 4 期）和叶延滨的《预言开辟的天空与梦想实现的大地》（《光明日报》2016 年 3 月 28 日）也都讨论了这一作品。

的历史功绩、现实意义，并宣告与“善变的政客，伪善的君子，油滑的舌头”扬言“你的诗歌已进入坟墓”正相反：

……你已经越过了忘川
如同燃烧的火焰——已经到了门口
……
马雅可夫斯基，这是你的复活——
又一次诞生，你战胜了沉重的死亡
这不是乌托邦的想象，这就是现实
作为诗人——你的厄运已经结束
那响彻一切世纪的火车，将鸣响汽笛[1]

马雅可夫斯基之所以“必须活下去”，吉狄马加给出的理由是：“那些对明天充满着不安和迷惘的悲观者 / 那些在生活中仍渴望找到希望的人 / 他们都试图在你脸上，找到他们的答案。”

1　吉狄马加：《致马雅可夫斯基》，《人民文学》2016年第3期。

四、多个马雅可夫斯基“图像”

不过，“再遇”的双方发现对方都发生了改变，都不是原来的样子。对阐释者来说，因为不再遵循统一的阐释规范，基于不同处境、理念的“想象的分裂”，自然会引导出多个马雅可夫斯基“图像”，但他们首先也要面对这样的共同问题：如何处理他的诗的主要题材和思想倾向——对布尔什维克、苏维埃革命和新建立的政权的倾心颂扬，而对它们的评价现在存在激烈争议；如何重新评价马雅可夫斯基的未来主义；如何看待马雅可夫斯基在20世纪20年代末身陷的困境和自杀；对诗歌本身来说，则是有关诗与人、诗与现实政治关系的问题。

一个激进的、处理宏大题材并热衷于历史概括的、“如同燃烧的火焰”的公民诗人的马雅可夫斯基依然存在。他作为“光明的使者和黑暗的宿敌”降临。这个马雅可夫斯基“图像”基本上是采取他的姿态，他的诗歌观念和方式，也就是召回一个“赢得普遍认同的名字”，运用这个“专名”来抗击现实的“精神的沦落”和“异化的焦虑迷失于物质的欲望”，批判披上道德外衣的世界强权行为与逻辑，表达“对统一性或同质化的批评，对被剥夺者的关注，对失去声音和生存空间的忧虑”[1]。

人性、人道主义的马雅可夫斯基是重构的另一“图像”。在一些批评家那里，他大量的颂扬无产阶级革命和革命构建的新时代的政治诗，其间的阶级、政党及特定历史的内涵被模糊、稀释，“革命”被置于人性、人类普遍历史追求的层面来理解。《列宁》《好！》无疑是马雅可夫斯基的“代表作”，与以前的解说不同，批评家发现诗人是以“一个最人性的人”来歌颂列宁的，发现《好！》的题目来自《圣经》：上帝创造世界之后，“上帝看着是好的”——马雅可夫斯基将革命看作一种诗意的、浪漫的创世运动。[2]这也是国外一些学者的看法：马雅可夫斯基“把列宁看成是一个根据历史法则，于资本主义处于没落和剧烈崩溃时刻出现的命定的救星……诗中的列宁是个神话人物，他是马克思主义经典中预言的救世主，像是记载基督教救世主的编年史一样，有关他的伟大事迹的故事，也是

1 耿占春：《吉狄马加：返回吉勒布特的道路》，《收获》2016 年第 4 期。

2 刘文飞：《马雅可夫斯基——一个现代经典》，《人民日报》2011 年 9 月 23 日。比较《旧约·创世纪》第 1 章和《好！》第 19 章的叙述方式，可以看到它们之间的相似。它们都是“新世纪”创造主在完成之后的赞美；《旧约》的“神看着是好的”，与《好！》中的“是好的”“很好”不断重复并贯串整个叙述。

以创造开始的”[1]。而著名的俄国诗人叶夫图申科——通常，他的诗歌方式被看作对马雅可夫斯基的承续——也说到，马雅可夫斯基实际上是“一位伟大的爱情诗人”，“他的爱情有两个对象，一个是女人，一个是革命。对于他来说，‘女人’、‘革命’、‘爱情’、‘列宁’，这些都是同义词”[2]。

马雅可夫斯基与未来派的关系历来颇费口舌。在苏联和当代中国，现代派在很长一段时间被认为是资产阶级颓废流派，自然要将马雅可夫斯基从它那里剥离。切割的路径有两条，或者指出他虽与未来派“搞在一起”，可“实际上”即使在创作的早期，他“就是与未来主义，以及所有其他颓废主义的流派对立的”[3]；或是运用我们熟悉的发展阶段论：“早期小资产阶级的无政府主义倾向比较严重，后来才认识到无产阶级有组织的自觉斗争的必要；艺术观点从虚无主义转变为批判继承，并力求创新；风格上从矫揉造作到朴素自然，从粗俗化的单调到多样化；语言上从晦涩难懂到简练有力……”[4]

---

1 爱德华・J. 布朗：《马雅可夫斯基和左翼文学阵线》，余凤高译，《海南师院学报》1990 年第 4 期。

2 《吉狄马加与叶夫图申科对谈录》，《作家》2016 年第 6 期。

3 《我自己》一文的注释（《马雅可夫斯基选集》第 1 卷，第 521 页）。

4 《中国大百科全书・外国文学卷（1）》，第 669 页。该条目撰写人为陈守成。

从20世纪80年代开始，现代派在中国开始变得不那么“反动”，逐渐从文艺思潮的负面清单里移除，加上当时“文学主体性”的强势提倡，批评家已无须讳言、遮掩马雅可夫斯基与未来派的关系。前面提到的1980年武汉研讨会上，马雅可夫斯基与未来派的关系就是主要议题。后来进一步的观点是，苏联早期左翼文艺的探索也是很前卫的，或者说，无产阶级文艺与现代派的前卫艺术之间并不总是对立关系。例如，倡导“假定性戏剧”的剧作家特列季亚科夫既是未来派诗人，也是左翼作家；而马雅可夫斯基的《澡堂》《臭虫》等剧，有些是在梅耶荷德剧院演出的，有些就是梅耶荷德导演的。因此，有论者提出，未必一定要纠缠与未来派的关系，问题应该放在俄国“白银时代”以及20世纪初文艺整体背景下考察。马雅可夫斯基的贡献是在“诗歌民主”的提出和实践上，刘文飞指出：

（马雅可夫斯基——引者注）将非诗的元素入诗，扩大诗歌的容量和功能，换句话说，就是将日常生活诗意化，诗歌化，用诗意的态度面对人人终日面对的柴米油盐。他不仅将音乐、绘画、小说等其他艺术门类的因素带入诗歌，甚至连政治、意识形态、人名、地名等专有名词也都能成为他诗歌的抒情对象。在马雅可夫斯基这里，诗无所不包，无所不能，甚至连人们耳熟能详的标语口号、民间俗语、门牌号码……（可以）引用什克洛夫斯基的一段话：“在马雅可夫斯基的新艺术中，先前丧失了艺术性的大街又获得了自己的语言，自己的形式……诗人并非透过窗户张望大街。他认为自己就是大街的儿子，而我们便根据儿子的容貌获悉了母亲的美丽。人们先前是不会、不敢打量这位母亲的脸庞的。”[1]

刘文飞认为，这也就是曼德尔斯塔姆所说的，马雅可夫斯基解决了大众诗歌而非精英诗歌的“伟大问题”。由是，我们看到一个左翼前卫的、“大街的儿子”的、“现代游吟诗人”的马雅可夫斯基。

被“召回”的又可能是一位爱情诗人。在另一些批评家那里，马雅可夫斯基大量歌唱革命和新生活的政治诗和宣传口号诗是应该被否定的。他们推崇的是他早期的诗和不多的爱情诗（《脊柱横笛》《我爱》《关于这个》等）。1998 年，马雅可夫斯

1　刘文飞：《马雅可夫斯基——一个现代经典》，《人民日报》2011 年 9 月 23 日。

基与莉丽 · 布里克通信集的中译本《爱是万物之心》出版，书名取自马雅可夫斯基的原话；随后的 2016 年，又出版了俄国学者玛格丽特 · 斯莫罗金斯卡娅的《马雅可夫斯基与莉丽 · 布里克：伟大的书信爱情史》中译本。这些过去从马雅可夫斯基生平里删去的扑朔迷离的情节，以一种翔实资料的方式呈现在读者眼前，让“爱情的”马雅可夫斯基形象凸显。《马雅可夫斯基与莉丽 · 布里克：伟大的书信爱情史》一书作者将他们的爱情史称作“伟大的”“病式的爱情史”；说“没有无缺陷的天才”（吉狄马加的长诗也借用了这句话）；“很多名人都使用过兴奋剂。这些人中有的人酗酒，有的人吸毒，而对于马雅可夫斯基来说，他的兴奋剂是爱情”；“莉丽 · 布里克把马雅可夫斯基从自己的姐妹那里吸引过来，把他带到了自己已婚的家庭里。直到诗人死时，他们都是三人住在一起：莉丽 · 布里克，她的丈夫约瑟夫 · 布里克，马雅可夫斯基。他们的这种关系里包含了一切：从符拉基米尔 · 马雅可夫斯基写给自己爱人的那些温柔的认可，到莉丽 · 布里克为挽留诗人的背叛”。[1]

1 玛格丽特 · 斯莫罗金斯卡娅：《马雅可夫斯基与莉丽 · 布里克：伟大的书信爱情史》“内容简介”，徐琰译，黑龙江教育出版社 2016 年版。

与对这一复杂的“爱情史”持某种犹疑、保留态度不同，郑体武撰写的《爱是万物之心》的“中译本序”的观点就明朗许多，说这是“伟大的诗人和他的女神之间全部完整的书信集”，他们的爱情“是世界文学史上的一段奇缘，一段佳话”[1]。确实，如这篇译序所说，过去的苏联和中国对他们的这一关系讳莫如深，认为有损这位政治诗人和社会主义现实主义者的形象，认为三人同居一宅是“道德的堕落”，而“事情并不那么简单”：在马雅可夫斯基那里，“莉丽·布里克占有相当重要的地位，对诗人的创作产生持续而深远的影响”。这与莉丽·布里克的妹妹埃尔莎·特里沃雷的看法却颇一致：

> 此外，还有女人，首先是——那个女人，他的女人；他把他的著作全献给了她，而她经常占据了他的精神，以至在他的情诗和别的诗中，充满了她的影响，我们也可以

1 然而，蓝英年可不这么认为。他将莉丽·布里克看作心怀鬼胎的“凶狠天才”；认为一定程度上她应为马雅可夫斯基的死负责（蓝英年：《马雅可夫斯基与“凶狠天才莉莉娅”》，《冷月葬诗魂》，学苑出版社1999年版，第114—124页）。

在他的绝命书中找到这个女人……[1]

读了他们的书信集，那些将高大、豪迈、骄傲、桀骜不驯、冷峻深沉、蔑视平庸的马雅可夫斯基形象深印脑海的人，相信一时无法将他与“柔情似水”，笔下满是“小猫”“小狗”宠物式昵称的马雅可夫斯基统一起来，看成同一个人。不过，即使心理或生理有些不适，人们也必须接受这个现实，因为“没有无缺陷的天才”，据说越是伟大的人就越复杂。况且这一切是不是“缺陷”也很难说，据说这一生活方式的理论依据来自车尔尼雪夫斯基，而马雅可夫斯基自己也不认为有什么不妥。[2]

1　霭尔莎·特丽沃蕾：《马雅可夫斯基小传》，罗大冈译，文化工作社 1953 年版，第 117 页。

2　蓝英年在《马雅可夫斯基与“凶狠天才莉莉娅”》中说，他们三人同居的“理论根据便是车尔尼雪夫斯基的小说《怎么办？》。那时列夫成员时兴这么做。后来同布里克夫妇决裂的原列夫成员、女画家拉文斯卡娅在《同马雅可夫斯基会面》一文中写道：‘嫉妒——“资产阶级偏见”。“妻子同丈夫的相好要好”，“好妻子为丈夫物色合适的心上人，而丈夫则向妻子推荐自己的伙伴”’。正常的家庭生活被视为小市民的狭隘性。这一切由莉莉娅身体力行，奥西普从理论上予以支持”（《冷月葬诗魂》，学苑出版社 1999 年版，第 115 页）。马雅可夫斯基也不认为有什么道德问题。他在长诗《好！》第 13 章写道：“十二／平方尺的住宅。／四个／住在一个房间里——／莉丽亚、／奥西亚，／我／还有狗／舍尼克。”（马雅可夫斯基:《好！》，黎新译，载《马雅可夫斯基选集》第 3 卷，人民文学出版社 1959 年版，第 548 页）

五、马雅可夫斯基和他的“同貌人”

不同的马雅可夫斯基“图像”，都可以在这位诗人及其作品中找到依据。问题在于对它们的各种解释处于分离状态，没有能把不同因素置于整体中分辨彼此间的位置和关系。

1931 年，也就是诗人死后的第二年，卢那察尔斯基做了《革新家马雅可夫斯基》的演讲[1]，试图从整体性格上分析马雅可夫斯基的复杂性。担任过苏维埃教育人民委员的卢那察尔斯基对马雅可夫斯基的才能评价甚高。他在演讲中说，金属的马雅可夫斯基之外还存在一个他的影子，他的“同貌人”，他的“反照出整个世界的金属铠甲里面跳动着的那颗心不仅热烈，不仅温柔，而且也脆弱容易受伤”。如果他的铸铁里没有糅进热忱、温柔的人道精神，他的纪念碑似的作品也许就不会使人感到温暖，但马雅可夫斯基其实“很害怕这个同貌人，害怕这个柔和的、极其亲切的、非常富于同情心以至近乎病态的马雅

1 卢那察尔斯基：《革新家马雅可夫斯基》，蒋路译，载《论文学》，人民文学出版社 1978 年版，第 389—411 页。《论文学》中有这样的注释：“本篇是 1931 年 4 月 14 日作者在共产主义学院马雅可夫斯基纪念会上发言的速记记录，初次发表于同年第 5、6 期《文学和艺术》杂志。”

可夫斯基”：有强壮的肌肉，心像大锤跳的，他极力设法要摒弃它，“但是他不一定能做到”[1]。

卢那察尔斯基最初对“同貌人”抱着同情、理解的态度。可能意识到这一态度与“无产阶级革命家”身份相悖，后来就严厉起来，认为“同貌人”是他的“加害者”：

> 同貌人是这样杀害他的：如果说在诗歌方面他只能给马雅可夫斯基的创作掺进若干渣滓的话，那末在日常生活中，看来他却厉害得多。
>
> ……为什么马雅可夫斯基要自杀？……我不想解释，——我不知道……我们不了解情况。我们只知道马雅可夫斯基自己说过：我不是在政治上害怕同貌人，我不是在诗歌上害怕他，我遇难之地不在海洋上，不在我持烟斗跟“奈特号”轮船谈话的地方，而在那夜莺啼啭、月光映照、爱的轻舟往来行驶的感伤的小湖上面……在那小湖上，

1　为了说明这个观点，卢那察尔斯基举了马雅可夫斯基1918年的诗《对马的好态度》：他走过去，“看见／大颗大颗的眼泪／从马脸上流下／隐没在毛里……／一种动物／所共有的忧郁／从我心中潺潺流泻出来／融化成喃喃细语……”（这里的引文转引自《革新家马雅可夫斯基》）

同貌人比我强大，他在那里打败并撂倒了我，我感觉到，如果我不把金属的马雅可夫斯基处死，他大概只会郁郁不乐地生活下去。同貌人咬掉了他身上的肉，咬成了一个个大窟窿，他不愿满身窟窿地在海洋上航行——倒不如趁年富力强的时刻结束生命。[1]

卢那察尔斯基预言，“金属的”马雅可夫斯基将是不朽的，而“同貌人则不能不腐朽衰亡”，因为“金属的”的写作“标志出人类历史上一个最伟大的时代”。70 多年后来看，卢那察尔斯基说的一半没错，另一半则落空。确实，世界并不缺少温柔的爱情诗人，而试图表现人类历史“伟大时代”的天才诗人并不多。至于说到“不朽”，这可能让他失望。“金属的”马雅可夫斯基固然不朽（只是已经重新冶炼，质地已不大相同），而“同貌人”也并未腐朽衰亡：且在“召回”的行动里，后者仍在不断“咬掉了他身上的肉”，并有取代前者的趋向。

1 卢那察尔斯基：《革新家马雅可夫斯基》，蒋路译，载《论文学》，人民文学出版社 1978 年版，第 389—411 页。

作为同时代人的茨维塔耶娃也讨论了这一性格、处境的冲突。她提出的是马雅可夫斯基作为“人”和作为“诗人”之间的“分裂”和矛盾。她说：“作为人的马雅可夫斯基，连续十二年一直在扼杀潜在于自身、作为诗人的马雅可夫斯基。第十三个年头诗人站起来杀死了那个人。他的自杀连续了十二年，仿佛发生了两次自杀，在这种情况下，两次——都不是自杀，因为，头一次——是功勋，第二次——是节日。”因此，马雅可夫斯基“像人一样活着，像诗人一样死去”[1]。

当代中国批评家关于“分裂”的意见则是：这是个人主义的、诗的、追求创造自由的“自我”的马雅可夫斯基，与阶级、政治的，放弃“自我”融入集体的统一性中的马雅可夫斯基之间的分裂。刘文飞指出，马雅可夫斯基“关于十月革命还有过一个著名的说法，即‘我的革命’……这不仅是马雅可夫斯基在十月革命后公开的政治表态，其实还暗含着他的艺术追求”。“他创办‘列夫’和‘新列夫’，试图在艺术上与政治上的列宁比肩而立。他将列宁的革命视为政治的、社会的革

---

1 转引自谷羽《茨维塔耶娃心目中的马雅可夫斯基》，《诗选刊》2016 年第 4 期。所引茨维塔耶娃的话来自《良心光照下的艺术》一文。

命，而将他自己的‘我的革命’视为艺术的、诗歌的革命，这在俄苏文学史中早有定论，并被称为马雅可夫斯基的‘迷误’和‘错误’。这其实是他真实心迹之流露，也是他必然失宠之前提，甚至是他死亡的原因之一。”[1]林贤治说，“对于革命、党和领袖，马雅可夫斯基热情地给予讴歌，诗中不乏大词。但是，我们看到，在他那里，党、祖国、集体与个人之间有着十分复杂而微妙的纠缠；‘我’是突出的，独特的，富于活力的，外在的任何伟大的事物都不至于使之消失”。“‘我’不仅仅是‘我们’中的一分子，我是具有独立意义的生命个体，是不能随意地加以吞并和整合的。相反，真理只有通过‘我’而显现，权力只有通过‘我’而具有合法的形相，总之‘我’是不容改变的。马雅可夫斯基说：‘我只有一张面孔，它是脸，而不是风向标。’”[2]

确实，俄国十月革命具有“创世”的浪漫性质，它要实现重建世界整体性的抱负，要在革命中创造整体性的“新人”（这些在马雅可夫斯基的诗中有一定程度的体现）。这个想象是

---

1 刘文飞：《马雅可夫斯基——一个现代经典》，《人民日报》2011 年 9 月 23 日。
2 林贤治：《真假马雅可夫斯基》，http：//www.sohu.com/a/130751289_488308。

可能的还是虚妄的姑且不论，但作为这一革命的伟大诗歌代言人、表达者，马雅可夫斯基不能毫无芥蒂地承担。他必然要陷入无法解脱的与环境和自我冲突的双重困境。他与布尔什维克“革命”的“一致”有一种“不真实”的性质。他毕竟是一个以赛亚·伯林意义上的“感伤的人”[1]，也是愤怒的、反叛的、内心分裂的、富于想象力的、充满焦躁情绪的、崇尚“自我”的“现代人”。就这一点，“拉普”们说他是革命的“同路人”并不错。

在莫斯科卢比扬卡广场附近，马雅可夫斯基最后居住的公寓楼现在成为马雅可夫斯基纪念馆，一座奇特的象征主义和未来主义风格的纪念馆。设计师在楼房正面毛糙的花岗石墙壁背景上，加上方格的钢铁框架，上面缀有很大的俄文字母 я。这是在马雅可夫斯基的诗和文章里遇到的频率最高的词：我、我自己、我爱、我的革命、我的大街……埃尔莎 20 世纪 30 年代末写的《马雅可夫斯基小传》也提到马雅可夫斯基纪念馆，情况却与现在的不同。纪念馆与它邻接的一所有好几层的

1 参见以赛亚·伯林《威尔第的“素朴”》，《反潮流：观念史论文集》，冯克利译，译林出版社 2011 年版，第 340—351 页。

大厦的砖墙上，用斗大的字体标着：

我的作为诗人的响亮的力量
整个给了你，
战斗的阶级。[1]

不知道这是不是不同的两处纪念设施，还是同一个但经过了改造。不过，纪念馆外部标志物装置由“阶级”换成了“我”，却饶有意味：这大概意味着这个形象在这近一个世纪的时间里变迁的轨迹。

（原刊《文艺研究》2019 年第 1 期）

1　霭尔莎·特丽沃蕾：《马雅可夫斯基小传》，罗大冈译，文化工作社 1953 年版，第 5 页。

穿越当代的文学史写作
——洪子诚教授访谈录

一、20 世纪 50—70 年代：集体写作、大历史与个人

贺桂梅：由您来谈当代文学史的写作应该是很有代表性的。现当代文学史的主流叙述模式在不同时期各有变异，比如 20 世纪 50 年代后期的初创，比如 70 年代后期的定型，比如 80 年代的"重写"等。而您介入了不同时期的写作。1957 年您和北京大学中文系的另外五位先生集体编写了《新诗发展概

况》，可以先从这里谈起吗？

洪子诚：20 世纪 50 年代编写《新诗发展概况》的情况，在《回顾一次写作》这本书中讲得很多了，再讲出新东西好像不太可能。基本情况是 1957 年“反右”之后，从第二年开始批判“资产阶级学术权威”，叫“拔白旗，插红旗”，主要在高校。那些著名的学者的学术观点都会遭到批判。那时候的情况跟“文革”期间还是不太一样。严厉的人身攻击和开会面对面批判还没有。主要是写批判文章，贴大字报也会有。

我所在的中文系 56 级文学班批判王瑶先生。我不清楚为什么会选择他。我原来以为批判王瑶可能与中国作协或其他部门有关系，因为 1958 年张天翼在北京大学“蹲点”，就在我们班。张天翼跟我们说的是要写一部反映青年学生的长篇小说。他参加我们班的一些活动，到宿舍聊天，一同去颐和园玩，我们在学校劳动时他也来给我们鼓劲。所以印象中，总以为批判王瑶可能跟中国作协有关系。后来我问了好些人，都说这个想法没有根据。在这个问题上，中国作协、周扬他们可能更想保护这些学术权威的。“文革”时候，中文系主任杨晦先生说作协派张天翼来北大，是要保护吴组缃先生。批判王先生主要针对他的《中国新文学史稿》。我在1958年参加过巴金作品讨论（其实也是批判），批判王先生我没有参加。那年暑假我回老家广东揭阳，回来后，班上的批判文章都已经写出来了。当时主要指责王先生否定“五四”文学革命中党的领导，再有就是指责他“伪科学”，说他的书是“剪刀加浆糊”，是拼凑、抄袭的。后面这一点是他最恼火的。批判文章中有一篇专门讲这个问题，好像发表在《文学评论》上。20世纪80年代在香港中文大学有一次关于王先生的录音采访，整理稿登在上海的《文艺论丛》上。他在访谈中对这一点很恼火。这完全能够理解；一个严肃、认真的学者受到这样的攻击，什么人也难以忍受。

贺桂梅：你们写作《新诗发展概况》的主要参照是什么？与此前的新文学史在叙述体例和基本理念上的不同主要表现在什么地方？

洪子诚：主要参照的还是50年代出版的几部新文学史的诗歌部分，根据它们提供的线索去找材料，并不是铺开全面去看报纸杂志。但“原始”的诗集看了不少，从北大和北图借出来几百部，倒并不是那种看选本的做法。讲到的诗人、流派，还有体例等，其实没有超出那些新文学史，但在观点上有很大的不同。主要是按照 1958 年以后建构的两条道路斗争的方式去处理，依据的是周扬、邵荃麟他们的观点，也参照臧克家 1954 年写的《新诗发展的一个轮廓》的观点。我们其实没有什么新的发明。55 级集体写《中国文学史》的时候，有许多步骤：比如先学习材料，先写出一些部分来讨论，选择一些难点进行专题“解剖”等。我们编写《新诗发展概况》就 6 个人，基本上没有什么很专门的讨论，也就是七嘴八舌乱吵一通，一人分一个阶段，自己看材料。稿子出来后可能会提一些意见进行修改。

贺桂梅：除了《新诗发展概况》，从 20 世纪 50—70 年代您还参加过哪些重要学术活动？能说说您这段时间的主要经历吗？

洪子诚：1958 年“科研大跃进”时还参加了现代文学史、中国戏曲史的编写，它们后来都流产了。1958 年的集体科研对我来说可能有一点好处，比如怎样概括作品、归纳问题，还有写作上的训练等。但是我对这个事情评价不高。它主要是一场政治运动，要发动群众，让年轻人来占领“资产阶级学术权威”的阵地。将学术工作全部纳入两条道路斗争，用被界定的经验来肢解事实，这种方法产生了很大流弊。对这种流弊的清理，我后来花了很大力气。

1961 年毕业，我留在学校教写作课。当时是困难时期，很多机构解散，或者压缩人员，分配很困难。一直拖到 9 月才分配。分配填志愿，我和同班两个好同学约定，第一志愿填西藏。其实我对西藏一点都不了解，没有任何准备，我也不是雄心壮志的那种人，但也不是虚情假意，大概还是有一点浪漫吧。那年我 22 岁，对社会、对生活，完全没有实际经验。但最后也没有要我去西藏。教写作课工作量比较重，要批改很多的作业。教文科外系的，有的班有一两百人，每学期要做五六次作文，批改作业要花很多时间。不少教师不愿意教写作。我是没有办法，留校的时候，就明确告诉我要教写作。愿意做专业研究的，都选择去北京师院、人民大学。毕业之后到“文革”十年，基本上没有什么像样的“学术”研究。

贺桂梅：70 年代后期学科重建，您从现代汉语教研室转到当时刚刚成立的当代文学教研室，这跟您对当代文学的兴趣有很大关系吧?

洪子诚:“文革”后北大写作课取消，我从现代汉语教研室转到新成立的当代文学教研室。应该说这也不算是偶然的事情。50 年代上大学，我对当代文学很关注，作品看得不少。很多作品，著名长篇、短篇小说与诗歌等，都很熟悉。有不少作品当时很喜欢。《青春之歌》《红旗谱》《创业史》，孙犁、茹志鹃的短篇，甚至杜鹏程的那些很浪漫、夸张，语言有点粗的作品，如《在和平的日子里》《延安人》等，当时也喜欢，还有王汶石的短篇。那个年头，接受的主要还是 19 世纪欧洲现实主义的文学观，对像赵树理那样的接受民间文艺传统的作品，评价就有点不高。但是对《红岩》我也一直不很喜欢，说不清楚什么原因。包括改编的电影《在烈火中永生》也不很喜欢。这部作品出版后很轰动，成为文学界的重要事件。我倒是比较喜欢陶承的回忆录《我的一家》。后来分析原因，大概是 60 年代我开始对观念性非常强、构造的痕迹很明显的作品，有一种拒斥的心理。这个和我当时正好大量读契诃夫的小说、戏剧可能有关系。

贺桂梅： 在我的感觉中，尤其是从您最近发表的一系列“阅读史”方面的文章来看，您似乎更偏好 19 世纪的西方文学，特别是俄苏文学？

洪子诚： 从读中学到 60 年代，各种作品读得很杂。俄苏作品当然读得很多。高中的时候读了大量翻译的苏联小说，《红与黑》也是高中读的，还有巴尔扎克的一些小说，当时并没有特别被触动的感觉。《约翰 · 克利斯朵夫》也是高中读的，但是没读完，《战争与和平》也没读完。大学期间，一度很迷恋屠格涅夫，还有车尔尼雪夫斯基的《怎么办？》。因为五六十年代，西方 20 世纪现代文学翻译介绍非常少，自然就偏于 19 世纪的。不过我说不准，如果当年西方现代文学作品也有许多翻译的话，是不是也会喜欢？记得上大一时有一次在东安市场旧书铺买了一本纪德的《地粮》，盛澄华先生 40 年代译的，也就一般翻翻，并没有很好地理解。

大学毕业前一年和教写作课那几年，没有什么大的运动，学校生活平稳，倒是读了不少书。写作教学没有明确专业方向，有不好的地方也有好的地方。好就是读书不是那么功利，读的范围比较杂，感受也不是总朝着一个固定方向。读得比较多的是契诃夫的小说、剧本，还有高尔基等人的小说。对俄国文学的兴趣，除了个人趣味情调外，也跟整个的时代氛围有关系。另外也读了不少西方和俄国的文论，如别林斯基、车尔尼雪夫斯基、普列汉诺夫、卢那察尔斯基。当然，除了这些激进的，也系统地读了人民文学出版社 1962 年开始出版的“西方古典文艺理论译丛”，很仔细地读了丹纳的《艺术哲学》，画了很多红、蓝道道，还有不少批语。“文革”后这本书被一位教文学理论的同事借去，还给我的时候说我的批语“许多都是错的”。当时很欣赏杜勃罗留波夫对《大雷雨》，对奥勃罗莫夫的分析，也很欣赏别林斯基那种气势。在“文革”前几年中，除了契诃夫之外，细读的还有鲁迅的杂文。我用第一次工资的一半买了十卷本的《鲁迅全集》。还非常认真地读了《红楼梦》和《聊斋》，写了批语，做了详细笔记。可惜笔记后来都丢掉了。一度还对曹禺的剧本很入迷。教写作让我对语言特别关注，当时对《红楼梦》《聊斋》的兴趣，有很大成分是关注两部小说的语言运用。这个对我后来有很大好处，也就是提高我对八股式的思维和语言表达方式的警惕，虽然做到这一点非常难。

当时也有一些当代批评家给我印象深刻，比如做电影评论的钟惦棐，可惜他1957年就被划“右派”了；还有做艺术批评的王朝闻，另外还有黄秋耘。黄秋耘1957年也差点成为“右派”。王西彦先生——写文章他也用“细言”的笔名，和后来当《文艺报》副主编的侯金镜，也有许多批评文章写得很好。茅盾的小说评论当时影响很大，除了总括性的评述之外，有许多采用点评的方法。他特别关注短篇的结构、人物的安排，这跟他的小说观念有关系。他和胡适看法相近，认为“现代”意义的短篇基本上是结构、横断面的问题。他对茹志鹃的《百合花》，对陆文夫60年代作品的评论，当时都觉得很好。

贺桂梅：教课之外，您当时是不是也做些研究，发表过一些文章？“文革”时期的情况是不是有很大变化？

洪子诚：当时没有什么研究，没写什么东西，就是跟我的同班同学周倜用“子傥”的笔名合写过一些杂感、小散文。比较认真写的一篇文章，在《北京大学学报》上发表的，叫《〈社戏〉的艺术技巧》。他们发表这篇文章，我想主要是鼓励教写作课的人能安心教课，说明教写作也是有学问的。1964年批判电影《早春二月》时我写过两篇批判文章。一篇发在北大内部杂志《红湖》上，还在中文系全系学生开会时念过，念的时候学生几次笑了起来，也不知道为什么，可能是我的语调不是那么严肃。另外一篇是当时北京市委的刊物《前线》约我们写的，我和一位教现代文学的老师合作，署名子晓。这两篇文章，都批判《早春二月》宣扬“极端个人主义”“资产阶级人道主义”。其实我对这部电影很有好感，却要迎合潮流去批判它，也不是被迫的，而是我自愿的。这是需要我反省的。另外，“文革”开始不久，1967 年春夏吧，我和严家炎、谢冕等几位先生，被北大派去，和当时的中国作协“革命造反团”合作，编写《文艺战线两条路线斗争大事记》。这些活动，按照一般理解和“学术”没有什么关系，不过，从“文艺激进派”的逻辑看，那既是“政治”的，也是“学术”的。这些事情，我会在“我的阅读史”里面比较仔细地讲到。

“文革”时期就是参加运动，后来上两年“五七干校”，回来以后烧过一个冬天的锅炉，还在学校图书馆工地当过小工。接着就是给工农兵学员上课，开门办学，去过好多地方：门头沟煤矿、东方红炼油厂、大地震后的唐山……从唐山回来是 1976 年 10 月，那个月“四人帮”就被打倒了。

贺桂梅： 想问一个比较宽泛一些的问题：对于 20 世纪 50—70 年代发生的许多重要政治与文化运动，您的一般态度是什么，采取怎样的应对方式？

洪子诚： 我在五六十年代都是一个很追求"进步"的青年，积极争取入党，但是党总不要我，在相当一段时间让我有点伤心。在政治运动里头，我一直是不上不下、不"左"不右的那种身份，当然，也就可有可无。有时候表现得比较积极，得到认可，有时候受到批评。但是好也好不到哪里去，坏也不会太出格，用一个词来说，属于"平庸"的那个种类。"反右"后期，"组织"对每个人都有一个总结、评价，放在档案袋里。毕业的时候，一个看过我的档案的班干部告诉我，"反右"时对我的鉴定是"中中"——"左"、中、右，"中"又分为中"左"、中中、中右三类。这个鉴定倒是很符合我的情况。当然，对政治运动、文化事件，我的态度在五六十年代和在"文革"期间会有阶段性的变化。"文革"开始，是想积极投入运动的，但是，"六一八"（1966 年 6 月 18 日北大发生的事件）的暴力，对我冲击很大。看到系里一些老师、领导被批斗、游街，被泼上墨水、戴上厕所纸篓的情景，真的不敢相信，不知道为什么会这样，惊心动魄，也有恐惧的感觉。毕竟我从没有见过大世面。

总的来说，我还是愿意、有时候还是很积极地去顺应潮流的，但在大多数情况下，总是跟开展的运动有距离，思想、情感的距离，行动跟不上。这种距离，后来我分析可能有几方面的原因。一个原因是没有政治经验，不清楚一个人在这些运动中应该怎么去做。比如怎样“靠拢”组织，汇报思想，在运动中如何表示立场，如何向领导者或工作队什么的揭露、提供情况，等等。我没有经验，也觉得将心里的东西讲给一个我并不了解也不亲密的人听，是很别扭、难堪的事情。所以，参加农村“四清”运动，还有在“五七干校”，开会给我提意见，总说我“清高”、孤僻，不能和群众打成一片，不能“把心交给党”，不知道我在想什么。“干校”在一次给我提意见的会上，一位老师好意提醒我说，“清高”在旧时代还有一点积极意义，在社会主义时期就只有反动性了，可能发展到和党对立。另一个原因是对运动中提出的观点，不能很快跟上。最近读一本书，有一个国外著名哲学家说，在时代面前，最要紧的是要有勇气面向“本质”“真理”，而不是向“观看”、向事实打开。可是我常常纠缠一些自己把握到的事实，或者纠缠于我的感受，这就失去那种很快靠拢“真理”的能力。举例说，“反右”我上大一，同班有一个老乡，都是广东潮汕人。他对我不错，可是在“反右”中被划成“右派”，我却总和他划不清界限：总觉得昨天还是朋友，今天突然就是敌人，感情上这个弯转不过来。那时我是团员，团小组专门开会批评我、帮助我。这样的事情不止这一次。这种距离，在一段时间确实让我苦恼。但是也有好的地方，这个是我后来才慢慢意识到的。和政治、文学潮流，和研究对象的关系不是那么紧密，感情不是那么投入，就有可能获得一种观察、思考的空间：有“弊”也可能有“利”吧。

那时候的运动，大概大多数人都会关心，因为这跟他的切身利益、跟他们日常生活紧密关联，很难自外于潮流。我不是一个有先见之明的人，更缺乏勇气，更重要的是心里头愿意去呼应。但后来发现这种呼应、跟随变得越来越困难。当你已经没有了这种追随的一丁点愿望，对许多事情已经难以接受，很反感，但你又没有胆量抗拒，甚至没有胆量沉默的时候，这就非常尴尬，也非常痛苦。这种经验现在还是记忆犹新。“文革”中“清理阶级队伍”，抓出来那么多人，突然这个人也是“反革命”，那个人也是“反革命”，很多事情已经超出我们常识所能理解的范围。况且那些庄严、崇高的概念、口号，已经变成表演性的东西，完全无关事实。我在“文革”中并没有受到什么大的冲击，但是，这种普遍性的概念和事实的分裂，言辞和内心的分裂，充斥着社会各个方面的各种表演的仪式、姿态、口号，对人的精神的折磨，真是难以忍受。

二、“新时期”：从《当代文学概观》到《中国当代文学概说》

贺桂梅：当代文学的学科化开始于20世纪70—80年代转型期，您和北大中文系当代文学教研室的几位老师集体编写的《当代文学概观》(以下简称《概观》)，是较早出现并且影响很大的当代文学史。当时是怎么考虑要写这样一部教材?

洪子诚：北大中文系恢复教学是1970年。第一届工农兵学员是70级，本校和江西“五七干校”同时招收学生，每个班只有很少的学生，20到30个人吧。“文革”结束恢复高考，77级进校后，教学内容开始调整。工农兵学员的教学内容非常简单，也讲一些文学史、文艺理论基本知识、各个时期一些作品，但不系统，都是符合当时政治的，很多时间都是配合运动进行写作。从77级开始就比较系统了，“文革”前大学的课程设置逐渐恢复，包括文学史、文艺理论、专题课。“文革”前北大中文系教文学史的，都在一个教研室，现在分细了，有了古代、现代、当代的划分。当代文学教研室的筹建应该是1977年，这在当时是个普遍现象，很多大学都建立了当代文学教研室。北大当代室是张钟、谢冕筹建的。他们两人原来是文艺理论教研室的。当时取消写作课，写作教员重新确定去处，有的原来就是教古汉语或现代汉语的，便留在这些教研室。其他的根据自己的专长、兴趣，重新选择。袁良骏去了现代文学，我和汪景寿、赵祖谟选了当代。记得张钟问我愿不愿意，我说可以，他们也了解我对当代文学比较感兴趣。况且我无一技之长，有点像万金油，也没有其他去处。

1977年我们开始编当代文学教材。参加的老师有张钟、我、佘树森、赵祖谟、汪景寿。教材一边编，就一边开始给77级、78级上当代文学课。我印象里，我们文学史的编写可能要比郭志刚他们——也就是十院校后来的教材（即《中国当代文学史初稿》，人民文学出版社1980年12月出版）——要稍晚一些。记得有一次，张钟和我们几个人还跑到北京师院

（现在的首都师大）中文系去“取经”，了解他们编写的经验，在北京师院开过一次会。不过毕竟我们不是多个学校合作，又只有 5 个人，事情比较简单些，所以《当代文学概观》的出版反而比他们要早，1979 年就出来了。当时的另外一本《中国当代文学史》（福建人民出版社），22 所院校合作的，要到 1982 年才出来。华中师院的《中国当代文学》，上海文艺出版社也直到 1983 年才印出来。

贺桂梅：《概观》大致是按体裁分类，每种体裁以时序介绍，先有概述，然后再抽出一些代表性的作家分章进行评介。这种叙述体例当时有过仔细构想吗？

洪子诚：《概观》的编写有些奇怪，是一种非常自由的合作，不像过去和后来集体编写教材，要认真统一观点，讨论体例和章节安排，分配字数，初稿出来后还要讨论、修改、统稿，等等。我们基本上没有这些程序，几个人简单交换意见，分工，然后就分头去看材料，去写。我猜想，张钟最初可能想提议谢冕负责诗歌部分，我负责短篇小说，但后来诗歌和短篇全给了我，谢冕没有参加。可能是谢冕当时已经是著名诗歌批评家了，很忙，没有时间。另外，他常说他永远是个“副”的，教研室他是副主任，当代文学研究会是副会长。在学校，教研室主任按照行政级别是“科长”，谢冕说他是“副科长”，还不如我，因为我后来还当了教研室主任——这当然都是我们一起说的笑话。但谢冕那时已经很有影响，特别是1980年5月发表《在新的崛起面前》以后，所以没有太多时间……

以体裁的方式来编写，这个体例跟当时的当代文学史确实都不一样。别的当代文学史都有很多篇幅谈文艺思想斗争，然后划分时间段落，每个阶段再混合按体裁、题材、作家作品来设计章节。我们为什么选择这种方式，好像也没有很认真讨论。但是有两个因素是议论过的：一个是“十七年”文学思潮、文艺思想斗争问题，那时候“文革”刚结束，觉得如何处理某些问题对我们来说还有一定难度，许多事实还不清楚，也就是说当时写这部分条件还不成熟。另一个因素，可能是要和教育部的那一部教材有所区别吧。所以《概观》，文艺思想斗争部分基本没有涉及，但是在每一部分也会融入这种因素。

编写的时候，我们5个人肯定交换过意见，但是也没有很专门地仔细讨论。我看材料花了很多时间，包括刊物、作品集，还有评论方面的材料。“十七年”重要的短篇小说集、诗集看过一遍，许多都做了笔记。当时精力充沛，一天能工作十多个小时。写出来后也没有分头传阅、讨论。像佘树森的散文部分，提交的稿子就很成熟，出版时基本没有改动。不过张钟要我看一部分稿子，主要是戏剧和长篇小说的一部分。我做了修改，特别是戏剧，这部分的初稿在写法上不是很严谨，有点像评论文章，也太长，所以我做了许多压缩、修改。也修改了长篇小说的一些部分。我们议论过书名和署名问题。想避开“当代文学史”之类的名称，“概观”还是佘树森想出来的。署名排列的问题，张钟很客气，说我写得最多，也读过、修改过许多稿子，提议署名我在前面。但我们一致认为应该是他领头；事实上，这部教材的编写，基本框架，是他提出、组织、协调的。汪景寿主动提出，“文革”后他已经单独出了两本书了，这一回他的名字就放在最后。记得稿费分配也是这样，好像有一千多、两千元的稿费，那时候可是个大数目。我提议五人平分，就不要统计字数什么了，但张钟不赞成，最后多给了我一些。当时大家很谦让，有一种超越个人名利的追求。

我觉得《概观》与教育部的以及与22所院校的比起来，对“十七年”文学的质疑、反思要多一些；各个部分个人的色彩也比较明显，没有去特别追求观点、行文的一致。在对当代文学的一些基本问题看法上，5 个人很相近。但也有不同，好像张钟和我表现得比较“激进”一些，就是对“十七年”的批评要更多。当时当代文学分期有几种方法，最普遍的是三分法，就是划分“十七年”“文革”“新时期”三个阶段，也有四分法的，就是“十七年”又以 1956 年为界分成两段，二十二院校教材就是这样。我们的《概观》因为是按体裁写的，所以没有明确的时期划分，但基本上也是三个时期的观念。不过，我 80 年代中期给学生讲当代文学，采用的却是两分法，也就是以“文革”结束为界，划分为前面 30 年和后面的“新时期”，把“文革”十年也与“十七年”放在一起。我还用一堂课专门解释为什么要这样做。虽然当时普遍认为“十七年”和“文革”是两个截然不同的时期，但换一个视角，我觉得这 30 年也有它的内在规范的连续性，是一种文学理念、设计，在各种冲突中的实现和它的极端化的过程，因此可以作为一个时期来观察。到了 90 年代，我就明确使用“50—70 年代文学”这样的提法、概念了。

贺桂梅：当时您理解“转折”的关键性内涵表现在哪些方面？

洪子诚：基本上认为“文革”后的“新时期”的文学和前面是很不一样的。我们当时强调的是这种历史的“断裂性”。对我来说，“转折”和“解放”这些词语是连在一起的。当时比较强烈的感受，一个是在过去被压抑的东西，观念、作家、作品、情感、风格等得到“解放”，作家获得以前没有的思考、表达的空间；另外一个就是对“多元化”的想象。“百花齐放”，文化、思想、文学的多样，是经历过“文革”的许多人的期盼，当时觉得能够开始实现了。我的“转折”的感觉，分析起来集中在这两点。现在想起来，那个时候对事情常常有一种本质化、理想化的理解。

贺桂梅：1986 年《当代文学概观》出了修订版《当代中国文学概观》，这时有没有考虑过叙述体例有不太合适的地方?

洪子诚：没有。当时大家的意见是不要有大的改动，没有觉得在体例上有什么不好。自然也不愿意在这上面花太多时间。修订主要是要加强“新时期”的部分，因为“新时期”已经六七年了，出现了许多新东西。修订还是各写各的，完全没有讨论。诗歌部分我增加了新时期的两节，对“十七年”做了修改压缩。短篇部分改动不多，因为“短篇小说”作为一种体裁，它在“新时期”的地位、意义已经发生变化，逐渐失去相对独立的位置。长篇、戏剧的内容都有增加，主要是80年代前期的创作成果。《概观》序言是张钟重写的。记得我向他提议，我们没有讲文艺思想斗争、文学思潮方面的问题，是不是可以把序言改成类似绪论的东西，将这方面的内容适当容纳进来。他当时说好，但后来他没有这样做。可能还是觉得处理起来有难度吧。

贺桂梅：在80年代，您关于当代文学开设了哪些课程？当时关注的主要是哪些问题？

洪子诚：本科生的基础课我上得比较多，到退休至少讲过十遍。每一次都重写讲稿，都有比较大的改动。这花了很多的力气。所以我说我基本上是个“教书匠”。除了讲当代文学史，也讲一些专题课，如当代诗歌研究、诗歌现状评述、新时期文学思潮等。好像没有专门讲过小说方面的专题课，也没有开设过作家论的课程。有两次被谢冕拉去参加他主持的讨论课，一次是当代诗歌导读，另一次好像是当代诗歌群落研究，上课的是高年级本科生，还有研究生和来北大进修的青年教师。导读课的文章汇集在一起，本来想出版的，出版社编辑也做了处理，后来因为各种原因，没有出来。

80 年代文学很热闹，有很多新的现象、许多文学问题出现，常常很轰动。怎样看待、解释，哪些是泡沫，哪些是有价值的，价值表现在什么地方，文学的“写真实”问题，“十七年文学”评价，朦胧诗，人道主义，现代派——回答这些问题，对当代文学教师是个挑战。我想当时的关注点是在这个方面。我也试图把现象、问题，放到文学历史中去观察，这就是 1986 年我的第一本书《当代中国文学的艺术问题》的思路。另外一个关注点是作家的精神境界和文学的“独立”传统问题。孙民乐最近有一篇文章，说我对 80 年代文学的反思是比较早的，他说的是我的《作家姿态与自我意识》那本书。其实 80 年代后期反思已经不少。另外，我的反思和现在的不太一样。80 年代末我主要是一种比较精英的、启蒙主义的观点。觉得虽然“新时期”文学成就不小，但也存在重要问题，而这些问题是延续下来的，觉得当代作家或者说当代文学没有建立起自己独立或者相对独立的文学传统，有的作家与政治权力的关系存在很大问题。那时的想法，其实并不是说文学要脱离政治，不要处理现实政治问题、社会问题，而是说作家对政治问题的处理，常常没有自己的发现和境界。大概是 1988 年，在一篇和诗人公刘先生讨论诗与政治关系的文章中，我讲了这个看法，文章发表在《文学评论》上，记不清哪一期了。文学表现政治事件、问题，重大社会问题，或者发挥政治的某些功能，这都没有问题。但是作家应该有自己独立的处理方式，包括思想观点、独特视角，也包括艺术方法。而不应该只是呼应、重复某种主流的政治观点。我还逐渐意识到作家的精神态度、境界问题，和社会制度，和文学体制是紧紧关联在一起的；这是我后来将文学体制问题作为文学史的重点考察对象的动机。

贺桂梅：您上课时主要用什么方法讲当代文学史？

洪子诚：我上当代文学基础课也指定教科书，除了我参加编写的之外，也列出其他几种有代表性的。我说你们看哪一种都可以，看哪一种真的没有什么关系，因为我具体讲的跟教科书不一样。基本上是归纳一些问题，将作家作品融入这些问题中。90年代初出版的《作家姿态与自我意识》这本书，就是从基础课的讲稿里截取出来扩充修改的。

贺桂梅：从作家论角度讲文学史其实是非常偷懒的办法，因为线索早就有了，而您从作品带文学史问题的讲法却要有比较强的概括性和个人判断。您什么时候开始考虑独立写一本当代文学史?

洪子诚：作家论的讲法其实也很重要，做得好很不容易。我的讲法的形成，和“文革”结束后文学问题层出不穷这个现象有关系。我总想努力在课堂上回应这些问题。但因为是基础课，还是要尽量给学生比较完整、系统的知识，一些重要作家、作品不能忽略，注意有一定完整性，不要为了“问题”割裂成碎片。

说到“独立”写文学史，说实在话，我基本上没有自觉意识。这些事情其实有许多误解，总觉得我的一些做法、说法都胸有成竹，事先深思熟虑的。其实不是这样。有一个我自己都感到奇怪的现象，就是我的一些研究或写的书，自己非常没有信心，但是评价有时候出乎我的意料。我的第一本书《当代中国文学的艺术问题》，交到出版社编辑那里，是很胆怯的；我说你要是觉得不行就算了。第二本书《作家姿态与自我意识》，1989年秋天吧，丛书主编杨匡汉打电话问我有什么书稿，说他们正在编一套研究新时期文学的丛书。我说手头实在没有，但因为好不容易有个出书的机会，就说想想看能不能从讲稿里头整理出几段来。然后我就利用一两个月，特别是1990年初那个寒冷的寒假，整理出十五六万字。香港1997年出版的《中国当代文学概说》（以下简称《概说》）也是这个情况。《概说》是根据我1991年到1993年在东京大学上课讲稿整理的，我真的没有想到出来后反应还不错。

贺桂梅：《概说》的叙述体例，也就是您后来说的“内部清理”的综合方法，是怎么考虑的？

洪子诚：“十七年”以至八九十年代出版的不少当代文学史，虽然对问题、对作家作品评价可能不同，甚至相反，但是在叙述体例上，其实遵循的还是50年代周扬、邵荃麟他们评述当代文学确立的框架。这个框架不能说是完全无效的，但也是在当时特定政治、文学语境中产生的。因此，在80年代，我讲课就有意识想离开这个框架、这个叙述体例。但也不是简单构造一种完全不同的东西，而是首先是将力量放在解释这个框架的依据上。也就是说，把周扬他们确立的叙述方式和概念，当作需要辨析的问题来提出。

贺桂梅：当时有没有意识到这些判断其实与“新时期”的主流观点已经不大一样了？

洪子诚：没有很清楚意识到。总体上可能差别还不是很大吧？如果有“不大一样”的话，可能是对“历史进步”的那种历史观产生怀疑。我越来越不相信“时间神话”，那种“新时期”“新纪元”的意识越来越淡薄。在《1956：百花时代》这本书的“前言”里我说：“现在的评述者已拥有了‘时间上’的优势，但我们不见得就一定有情感上的、品格上的、精神高度上的优势。历史过程、包括人的心灵状况，并不一定呈现为发展、进步的形态。”“我们”当然包括我在内，而且首先是从对“我”的认知出发的。所以我说，我“对自己究竟是否有能力而且是否有资格对同时代人和前辈做出评判，越来越没有信心”。这些话写在 90 年代比较靠后的阶段，但是 90 年代初就开始意识到，这大概是最重要的“不大一样”。因此不是那样把新时期文学、作家理想化，更多地看到问题的方面，有些悲观。在研究、叙述方法、态度上，有意识地尽量减弱“批评”的因素，抑制评价的冲动。所以我开玩笑说，“当代文学”既不是你的，也不是我的，就是“当代文学”罢了。这是一种距离。这里有一个经常讲到的“价值判断”的问题。对各种文学现象、作家作品，你的评价自然会制约，甚至决定你的文学史写作。但我还是注意保持一种距离。另外，因为是做文学史研究的，就必须有一种观念支撑，认为事物之间——文学现象、作家作品——存在一种内在联系，这种联系不仅仅是空间的，更重要是时间上的。而且认为时间上的联系的脉络是可以被清楚梳理、清楚描述的。不过，事实上我也常常怀疑这种观念，经常有“文学史是可能的吗”的念头出现。这是我的讲课、我的书透露着很多不自信情绪的原因。

贺桂梅：您在备课、讲课的过程中形成的对当代文学的这种理解，是不是在写作《概说》的过程中变得清晰了？

洪子诚：当时没有意识到。不过现在回想起来，确实也有这样的因素。因为要用一种简洁、概括的语言来描述复杂现象，就逼着我对问题有一个清理，形成比较明确的概念和表述方式。所以，在日本讲课的经验，对我 90 年代后期的一些论文如《“当代文学”的概念》《关于 50—70 年代的中国文学》，和《中国当代文学史》的写作，在观点和方法上都做了准备。

在日本，和我合作上课的是位东大的教授，他中文讲得很好，是个中国通。琦玉大学的一位青年教师也一直来听我的课。当代文学在日本非常边缘、没多少人研究，当时他们主要是作品和一些作家评论的翻译。因为学生程度，特别是中文程度参差不齐，后来商量，我用中文讲一课以后，第二堂课再由东大老师用日文补讲一次。为什么这个课拖了三个学期？主要就是这个原因。当时讲的时候，并没有现成讲稿，在北大的讲稿不能用，太复杂、琐细了。所以都是一边写，一边讲，凌乱地写在活页纸上，讲完之后就丢在抽屉里。讲完三个学期，还有一个学期我才能回国。有一天那个日本老师跟我说，可不可以把讲稿整理一下，由他们翻译在日本出版，说日本还没有这样的当代文学教材。我想这个想法很不错；要是没有这个提议的话，我的讲稿和那些纸片，可能就在回国的时候处理掉了，我一点都没有想让它们成为一本书的念头。讲课的时候，因为缺乏资料，很多都是凭记忆，要核实这些材料，在那个地方很不容易。这就是为什么《概说》那本书里头确切引用的材料比较少，注释也少的原因。当时还没有用电脑，整理以后誊清，大概有十三四万字。临回北京的时候，在新宿一家咖啡厅里又商量过一次，说是没问题，已经联系了两家出版社，都表示愿意接受。回来后觉得还是有许多地方不准确、不完善，就重新改了一遍，将修改稿给了那位日本先生。但此后就没有消息了，稿子也没有退回。虽然觉得有点不可思议，但想想也就算了。奇怪的是，我也从没有动过试试在国内出版的念头。过了三年，也就是 1996 年底，有一次聊天，和当时正在北大读博的陈顺馨说起，她说，我拿到香港看看。陈顺馨是香港人，她后来联系了一家小出版社（青文书屋）印了出来。这样，拖到 1997 年才出版。

这也算是“独立”写的文学史了。但是当时没有“独立”写作文学史这样的明确想法。也可能我读大学的时候，看的文学史都是个人署名的，刘大杰的文学史，郑振铎的、王瑶的、林庚的、刘绶松的、丁易的……只是到了 1958 年以后集体编写才成了潮流。所以“独立”的文学史写作，在我头脑里好像没有成为一个问题。

三、20 世纪 90 年代的反思与《中国当代文学史》

贺桂梅： 您影响最大的《中国当代文学史》（北京大学出版社 1999 年版）是从什么时候开始写作的？

洪子诚： 1997 年北大当代文学教研室开始筹划《当代中国文学概观》的修改。大家认为《概观》在教学上已经不大适用了，修订版到 1997 年十多年过去了，有很多新的文学现象、作家也有重要的变化。当时我还是教研室主任，就跟谢冕商量能不能重新编一本教材。他非常赞成，说北大应该有这个责任。我征求过教研室老师的意见，有的老师很忙，像曹文轩、张颐武、韩毓海，就明确表态不参加。后来就剩下我、谢冕、蒋朗朗、李杨。谢冕提出把还在读博士的孙民乐拉进来，他的理论很强，以前在东北就已经是大学老师了。我记得开过会，交换些意见后，说回去各提出一个提纲再来讨论。隔了段时间，我、李杨、孙民乐都提交了提纲。但是将这三个提纲放到一块儿，发现它们之间的距离，真的是相差太远了，根本无法捏合到一起。其实三个提纲各有特色，也体现了当时处理当代文学史的各种不同面向、路径，但就是不可能捏合、调和。我的提纲还是很传统的路子，因为过于“传统”，大家都不是很满意，谢冕也不太满意，他觉得我的提纲里，就是写 1958 年的一章“走向文革文学”有新意，其他章节新意就不很多，面孔比较旧。李杨的提纲突出“文化”的维度，特别重视左翼激进派的文学现象、问题，重视当代文学的“社会主义现实主义”的特殊经验，所以“文革”时期的文学现象，包括红卫兵诗歌、知青小说占了很大的分量。孙民乐的则侧重文学思潮的演化，有很强的理论背景。这反映了当年大家的各种思考，探索如何有效地处理当代文学问题。但是考虑到教材的性质，我提出还是要比较“中庸”一些，与传统教材的体制、样式有更多承续比较好。这次讨论没有结果，怎么办呢，只能说大家再想想。

正在为这件事发愁的时候，有一次碰到钱理群，就把这个事情说给他听。他突然说，你为什么不自己做呢？你自己写一部好了。这倒是我原来没有想到的。这样，我就决定一个人做。不过做这个决定的时候，有点忐忑不安。编写中，因为过去参加写文学史已经许多次，也没有太新鲜的感觉，只是没有估计有那样的难度和工作量。对“十七年”和“文革”我比较熟悉，所以写起来还不是特别难，也有了《概说》的基础。即使这样，也用了很多力气。80 年代以后的就更不容易，要看的材料、作品很多，也苦于找不到很好的概括、描述方式。前后花了有一年多到两年的时间，最后的情况你知道的，没有写完就病倒了，许多工作都是你帮助做的。做完这件事我就下决心，再也不去做这样的事情了，太折磨人了。

贺桂梅：《中国当代文学史》的基本框架和观念可以说是您在不断的教学过程中逐渐形成的。但在具体动笔写的过程中，是不是遇到了新问题，比如您怎么考虑文学体制和文学经典之间的关系？

洪子诚：抽象谈论文学史观念、方法，和实际的文学史写作，是很不相同的。理论可以头头是道，写的时候却会不断出现各种各样的难题。文学史当然有一个“经典化”问题，也就是作家作品的筛选，当代文学也不例外。但是我考虑有这样两个因素，一个是“十七年”“文革”时期的总体文学成就并不高，“十七年”没有非常重要的作家；另一个因素是毕竟写的事情离我们还很近，所以，基本上还是处理成以问题带作家、作品的方式。有一些文学现象，一些作品，虽然“文学性”不高，但当年影响很大，而且对考察这个时期的文学状况很重要，我还是尽量不过早删除它们。在文学“经典”的问题上，我在处理上的变化，主要是关注点上的一些转移，也就是从去评判哪些作品能成为“经典”（有价值的作品），转移到去解释这些作品当时为何能被确立为“经典”。

贺桂梅：90 年代后，您关于当代文学的一些基本判断相对于 80 年代是不是发生了一些变化？

洪子诚：好像慢慢有些变化，但是也不是很自觉。也就是对革命文学、左翼文学的态度有些改变，同情的并认为有其时代的合理性的这种想法增加了。但也不是完全认同，转而对“自由主义”文学采取批判的那种转变。而且，我不大赞成笼统地谈什么“左翼文学”“革命文学”，把它抽象化，同一化。中国 20 世纪的“左翼”这个线索，在不同时期、不同作家那里，呈现的形态有时是很不同的，应该分别对待。虽然我认识到“左翼”文学潮流的产生有它的合理依据，有它的创新活力，给文学带来新的成分，但是在后来发展、变化的过程中，特别是进入 50 年代之后，基本上是走向体制化的，逐渐失去活力的过程。我把这个过程称为“一体化”。有的学者认为，在当代前 30 年，文学“一体化”是过程，不是结果，我的看法是，既是过程，也是结果。90 年代我的研究思路，在一些论文，在文学史和《问题与方法》那本书里，很大成分是探讨这个有合理性、有好的出发点的文学，因为怎样的原因走上失误或者说失败的。

贺桂梅：虽然您主要做的是文学史研究工作，不过我发现如何叙述历史，其实跟文学（文化）理论的关系很密切。可以说说您阅读的主要理论著作吗?

洪子诚：关于理论书，我在 80 年代就读了不少。和许多人一样，受当时大量涌进的西方现代文学作品和文学理论吸引比较多。上海三联书店出版的“学术文库”看了不少，也读了一些商务印书馆重版的汉译西方名著。海外中国文学、思想史研究的著作也读过一些，如余英时的书、夏济安的文章、夏志清的小说史。司马长风的文学史也读过，但当时觉得不大好，那种政治意识形态太过强烈了，觉得欠缺“学术”上的分量。至于 1985 年的“方法热”，系统论、控制论什么的，当时以至现在我也摸不着头脑。外国学者的可能对韦勒克、伊格尔顿的著作读得比较认真。中国学者李泽厚、刘再复的书都认真读过，还有刘小枫的书，《诗化哲学》《拯救与逍遥》等当时对我有影响。那时候读书也有“时尚”，我也不敢怠慢地去追赶“时尚”，比如尼采、弗洛伊德的，卡西尔的《人论》，苏珊·朗格的符号学……不过，在文学史研究方面，韦勒克和伊格尔顿的书给我直接的启发，还有佛克马的书。

贺桂梅：我觉得您在《中国当代文学史》中表现出了一种对叙述行为的自觉，因此您的文学史不仅讲文学作品的历史，也讲这种历史如何被叙述。这种意识其实是很需要有理论反省力的。

洪子诚：这种观念的形成还是 90 年代以后，不过，80 年代后期也逐渐有了这种意识。1988 年在北戴河文学夏令营，我们几个老师都去讲课。我听过乐黛云的讲座，她用很多时间批评刘晓波关于欧美世界人的绝对自主、自由的那种幻觉，讲了她在美国的见闻，来谈“主体”受到的历史制约、限定，给我印象很深。对浪漫主义主体论的疑惑，那时主要还是基于生活经验，主要不是在理论上。关于历史的叙事性质，最初也是从当代生活境遇、经验中模糊获得的，后来在读书过程中才又加深了认识。1993年从日本回来以后，逐渐看了一些书。80年代以后流行的不同的理论著作，多少看过一些，比如韦伯、杰姆逊、本雅明、阿尔都塞、马尔库塞、哈贝马斯、葛兰西、赛义德、福柯等，但很不系统，有的就没有读完，有的不求甚解……因为研究当代文学，像卢卡契、胡风等的书，甚至托洛茨基的书倒是看得仔细，也读了像舍斯托夫、别尔嘉耶夫、薇依等的书。有的书是很偶然的机会得到的，却偶然地从中得到许多“灵感”，比如美国基督教神学家特蕾西的《诠释学·宗教·希望》，还有佩里·安德森的《西方马克思主义探讨》。我读苏珊·桑塔格的理论作品是很靠后的事情了，但感觉很亲切。我比较认同的是，承认历史的叙事性质，但不是导致删除“真实”和“希望”，导致让人们对历史真实失去信心，

贺桂梅：把“当代文学”视为一个自足的历史范畴，这种理解方式是不是在写作《中国当代文学史》的过程中形成的？

洪子诚：可能要稍微早一点。《“当代文学”的概念》这篇文章是 1998 年发表的，但是 1995 年就开始准备写了。考虑了一段时间，写的过程倒没有用很多时间。对“当代文学”这个历史范畴的思考，要是从更早来说，那是从《当代中国文学概观》修订版出版之后就开始了。1987 年参加中央电视大学在黄山的会议，我和张钟住一个房间。《概观》的序言第一句话说：“一九四九年中华人民共和国成立，标志着我国进入了社会主义历史时期，历史的巨手同时揭开了我国社会主义当代文学的篇章。”我说，为什么中华人民共和国一成立，当代文学就开始了？“当代文学”是怎么回事？揭开它的“历史巨手”又是什么？听了我提的问题，张钟说确实应该讨论。不过他很快就到澳门教课去了，并没有讨论。这应该是我在当代文学研究上的一个“起点”，也就是从评价、价值判断，转到对将概念、叙述方式放置在产生它的历史语境中去清理的思路。这个思路，刚开始在当代文学研究界，不是很容易被理解、被承认的。记得《“当代文学”的概念》发表后的一次当代文学研究会年会上，给我 15 分钟时间发言，我就概括讲这个问题。但是后来回应、讨论的时候，大家争论的焦点是“当代文学”这个概念是不是科学，应不应该取消，用另外的概念取代。

其实谈论这些问题也对。我也反复说我完全赞成更换概念，只要教育部在学科建制上将这个名称更换，保管它立刻就生效。这就是体制的力量。这里有两个虽然有联系，但是不同的问题。一个是如何重新选择、确立对历史和现状的更合适的概念和描述方法，另一个是对已有的概念、描述方法——它们已经产生意义，产生历史效应——的形成和内涵，以及内涵的历史变迁做出分析。这两个问题，常常混淆，以致不能形成对话的共同点，讨论不能深入。举个例子说，对“文革”中的江青、姚文元等的激进派，他们的主张，扶持的创作，样板戏，我们可以评价，否定或者肯定，这是一种思路。但也可以注意激进派的文艺观，他们的政治—文学观念是什么样的，有什么样的内部逻辑，等等。而不是做出简单的否定或者肯定的判断。其实，有力量、有根据的价值判断，也需要建立在对它的内部逻辑深入认识的基础上。

贺桂梅：2007 年您出版了《中国当代文学史》的修订版，这次修订在哪些方面考虑得比较多？

洪子诚：更正一些错误，特别是资料上的，作品发表时间、刊物等。“十七年”和“文革”部分也有修订，但改得比较多的是80年代以后的下编。针对有的先生批评我对“新时期”的“多元”存在本质化、理想化的问题，也做了一些修改，也想让“体制”的分析维度得到延续。但实际上也没有处理得很好。时间这么靠近，对八九十年代文学的把握方式，目前也只能这样。90年代以来，出现了很多新的、复杂的现象，对什么是文学的看法也发生了许多改变。文学与大众文化关系，文学与影像媒介作品关系，文学传播、接受方式的变化……种种问题，还缺乏文学史意义上的研究，我基本上是以“纯文学”的基点来处理这个时期的文学现象。这是存在的问题。另外，修订本延续了初版本存在的内在矛盾，也就是在处理50—70年代和80年代以来的文学，在评价上、感情态度甚至方法上并不统一。这个不同我已经认识到，但是也难以扭转。这些矛盾，牵涉文学与政治、个人命运与历史时间、文学性的普遍维度与历史维度之间的复杂关系。还有一点遗憾的是，荷兰布里尔出版社出版我的《当代文学史》英文版，依据的是初版本，而不是修订本。译者是加拿大学者，在中国工作过一段时间，中文也很好。他翻译的时候，修订版还没有出来。

修订版附录的年表，本来应该编到1999年，可是我延长到2000年。从1998年到2000年这三年中，不少“现代”“当代”的作家去世，丁毅、罗大冈、张志民、方纪、冯健男、罗洛、茹志鹃、陈登科、公木、钱锺书、叶君健、鲁藜、萧乾、冰心、毕朔望、姚雪垠、王汶石、蒋孔阳、高晓声、袁静、王西彦、唐达成、李凖、阮章竞、昌耀、张长弓、戈宝权、柯灵、金克木、田德望、卞之琳……大家都在说“新文学的终结”，其实，在我看来，“当代文学”好像也已经“终结”了。这个事实对我来说，终归有点伤感。

贺桂梅：谢谢您接受我的采访！

注：访谈稿经洪子诚先生审阅、校订，北大中文系博士研究生季亚娅进行了录音和文字整理。特此致谢。

（原刊《文艺研究》2010年第6期）